令和4年4月施行対応

すっきりまとめて解説

個人情報
保護法Q&A
令和2年・令和3年改正

牧野総合法律事務所弁護士法人
弁護士 **牧野二郎／森 悟史／牧野 剛** 共著

JN002336

日本法令®

はじめに

　「あまりに複雑な─」というのが今回の個人情報保護法の改正の印象です。

　「今回の」といっても、令和2年、令和3年と改正が続き、また施行日が複数存在するなど、改正の経緯だけでも複雑です。

　令和2年改正は、時代の変化を踏まえた個人情報保護法の改正ですが、その後の令和3年の改正は令和3年5月19日公布にかかる「デジタル社会の形成を図るための関係法律の整備に関する法律」によるものです。まず、2年改正で条文の追加があり、次に2年改正を大幅に改正する50条改正があり、さらにその50条改正を改正するかたちで、51条の改正があり、順次条文が追加変更されています。

　また、令和3年50条改正による条文は令和4年4月1日施行とされていますが、同時に成立した51条改正は地方公共団体の足並みをそろえる関係からか、いまだに施行日が決まっていない（成立から2年内の日）状態です。

　本書では、法律として成立している51条改正（成立、公布済み）を最終確定版であると考え、条文表記は基本的に「51条改正後」として統一し、記載しています。

　この一連の改正を単純化すれば、
① 　令和2年の改正は個人情報保護法独自の視点からの改正であり、事業者の義務等に大きな変更を含む改正であるが、
② 　令和3年改正は「デジタル社会形成基本法」に基礎を置く、我が国の各種の法制度全般の見直し（3法の統合、条例との関係整備）の観点から実施された改正ということになります。

　ただし、事業者にとって最も重要な改正は、令和2年改正に集中しています。仮名加工情報、個人関連情報、漏えい報告制度といったも

のをあらたに採用しましたので、それぞれの意味するところを理解するとともに、匿名情報、匿名加工情報、統計情報などとの区分、概念相互の関係を正確に理解しないと、混乱を起こすことにもなります。

　また、これらの改正の理解に当たっては、何が法的原理原則かを考えるのではなく、政府がどうしたいのかを考えるようにしてください。

　特に50条改正、51条改正は、制度を大きく変えている面もあり、国民にはわかりにくい面もあります。条文だけではわからない点も多く、理解するだけでもかなり難儀ではあります。複雑な改正ですので、我々もその複雑さに日々悩みながら執筆したというのが正直なところです。

　本書では、令和2年改正で改正された項目を中心として、ただし、条文番号は、最終確定後の51条改正によるものとして表記しましたが、問題となる個人情報保護法の重要ポイントを、ときに図解するなどして、できるだけわかりやすく解説するようにしました。皆さまの「わからない」を解決して、今後個人情報保護対策には自信をもって対応できるように工夫を凝らしました。

　ぜひ、ご活用ください。

令和4年3月

筆者一同

目　次

はじめに　　*1*

凡例　　*12*

第1章　改正の全体像

🔒 **1-1**　**令和2年改正と令和3年改正の関係**

Q01 ● 個人情報保護法の改正が続いて全体像が見えないので
すが、どうなっていますか？　　*14*

🔒 **1-2**　**令和2年改正の概要**

Q02 ● 令和2年改正法の中身はどのようなものですか？　　*19*

🔒 **1-3**　**令和3年改正の概要**

Q03 ● 令和3年改正法で何が変わるのですか？　　*23*

🔒 **1-4**　**改正法の条文関係**

Q04 ● 条文番号が資料によってまちまちです。改正により従
前の条文番号はどう変わったのですか？　　*27*

　　　　◆改正個人情報保護法　重要条文照合表◆　　*29*

第2章　保有個人データ

🔒 **2-1**　**保有個人データの範囲の拡大**

Q05 ● これまですぐに消去していた個人データについて、今
後は開示請求に対応するため、一定期間保存しておい
たほうがよいですか？　　*32*

🔒 **2-2**　**保有個人データに関する事項の周知**

Q06 ● 保有個人データに関する周知事項について、改正法に
よりどのような変更があったのですか？　　*35*

🔒 **2-3** **保有個人データの開示方法**

Q07 ● 保有個人データの開示について、本人からデータポータビリティを求められた場合、これに応じなければならないのですか？ *39*

🔒 **2-4** **保有個人データの安全管理のために講じた措置**

Q08 ● 今回の改正で、保有個人データの安全管理のために講じた措置についても本人へ周知するよう義務付けられたと聞きましたが、どこまで周知すべきなのでしょうか？ *43*

🔒 **2-5** **利用停止・消去・第三者提供停止の要件の緩和**

Q09 ● 本人から、使う必要のない個人データを消去するよう求められたのですが、消去しなければなりませんか？ *48*

🔒 **2-6** **保有個人データと他の概念との関係**

Q10 ● 仮名加工情報、匿名加工情報、個人関連情報は、保有個人データとなるのですか？ *51*

第3章 ｜ 仮名加工情報

🔒 **3-1** **仮名加工情報とは何か**

Q11 ● 個人データではなく仮名加工情報を子会社に提供しようと思いますが、問題ありませんか？ *56*

🔒 **3-2** **仮名加工情報と匿名加工情報の差異**

Q12 ● 特定の個人を識別できなくした情報は、仮名加工情報と匿名加工情報のどちらですか？ *61*

🔒 **3-3** **仮名加工情報の仮名加工方法**

Q13 ● どうやって加工すれば仮名加工情報になるのですか？ *66*

🔒 **3-4** **個人情報である仮名加工情報と個人情報でない仮名加工情報**

Q14 ● 個人情報でない仮名加工情報は漏えいしても問題あり
ませんか？　　　　　　　　　　　　　　　　　　　*71*

🔒 **3−5**　**仮名加工情報の利用の場面**

Q15 ● 仮名加工情報が新設されましたが、第三者に提供でき
ないのに利用するメリットはあるのですか？　　　*76*

Q16 ● 仮名加工情報の委託先への提供や共同利用は可能です
か？　　　　　　　　　　　　　　　　　　　　　*78*

第4章 ｜ 不適正な利用の禁止

🔒 **4−1**　**不適正な利用の禁止とは**

Q17 ● 新たに禁止されることになった不適正な利用と違法な
利用行為は違うのですか？　　　　　　　　　　　*82*

🔒 **4−2**　**不適正な利用の判断**

Q18 ● 裁判所の公告情報をデータベース化して公開しようと
思いますが、問題ありませんか？　　　　　　　　*87*

第5章 ｜ 漏えい等の報告

🔒 **5−1**　**漏えい等における報告・通知**

Q19 ● 個人データが漏えいしてしまった場合、事業者は何を
しなければなりませんか？　　　　　　　　　　　*92*

Q20 ● 顧客情報が入った USB メモリーを社内で保管してい
たのですが、見つかりません。これは、「滅失」で
しょうか、それとも「漏えい」でしょうか？　また、
社内といっても、外部の人が立ち入る場所でなくなっ
た場合は、「漏えい」でしょうか？　　　　　　　*94*

Q21 ● 20 万件の個人データ漏えいが発生し、本人に対し電

子メールを送信してその旨通知したのですが、そのうち５万件に通知メールが届きませんでした。このような場合でも、個人情報保護法上の義務違反となるのでしょうか？

96

🔒 5-2 漏えい等の報告先

Q22 ● 個人データの漏えいが発生しましたが、どこに報告すればよいですか？ 99

🔒 5-3 漏えい等対応ロードマップ

Q23 ● 今回の法改正により、情報漏えいした場合のスケジュールはどのように変わりますか？ 102

🔒 5-4 漏えい対応の実務的問題点

Q24 ● 本人への通知には、何を記載すべきでしょうか？ 106

Q25 ● 個人情報保護委員会への報告の確報は、何をどこまで記載すべきですか？　速報との違いは何ですか？ 110

Q26 ● 個人データの漏えい件数が多いのですが、コールセンターは設置すべきですか？ 114

Q27 ● 委託先が個人データを漏えいした場合、だれが個人情報保護委員会に報告すべきですか？ 116

Q28 ● 個人データの開示請求について、間違えて、Ａの情報をＢに、Ｂの情報をＣに、Ｃの情報をＤに開示してしまった場合は、個人データの漏えいになるのでしょうか？ 118

第6章 | 第三者提供の制限

🔒 6-1 オプトアウトの規制強化

Q29 ● 令和２年改正法で、オプトアウトに関する規制はどのように変更されたのですか？ 122

6-2 **オプトアウトが可能かどうかの判断**

Q30 ● 小学生を対象とした学習塾で、塾が小学生から取得した親の年収データを、オプトアウトにより、まったく別法人の不動産会社に提供しても問題はないですか？ *126*

6-3 **オプトアウトの取扱い**

Q31 ● オプトアウトで取得した個人データをオプトアウトで第三者に提供できますか？ *130*

6-4 **第三者提供記録の開示**

Q32 ● 情報提供先との間に秘密保持契約を締結している場合でも、第三者提供記録を開示する必要がありますか？ *132*

6-5 **個人データ第三者提供の実務的問題**

Q33 ● 子会社や関連会社に対しても脅迫行為がなされているとの理由でクレーマーの情報を子会社・関連会社と共有したいのですが、問題はありませんか？ *136*

Q34 ● 当社研究部門が顧客の動向調査と新商品開発のために大学の研究室と共同研究を行うことになりましたが、個人データを共有して研究してよいでしょか？ *138*

第7章 ｜ 外国にある第三者への利用の制限

7-1 **個人データ越境移転規制の内容**

Q35 ● 海外の事業者に個人データを提供する場合に新たな規制はありますか？ *144*

7-2 **本人への情報提供**

Q36 ● 外国の個人情報保護制度はどうやって把握すればよいですか？ *149*

Q37 ● 個人データの越境移転に際して、外国の個人情報保護制度を不正確に本人に伝えた場合に罰則の適用はあり

ますか？ *151*

🔒 **7-3** **クラウドサービスの諸問題**

Q38 ● サーバが外国にある日本のクラウドサービス事業者に
個人データを提供する場合に越境移転規制の適用はあ
りますか？ *153*

Q39 ● サーバがどこにあるかわからない外国のクラウドサー
ビス事業者に個人データを移転する場合は、本人への
情報提供はどのように行えばよいですか？　個人デー
タの処理のために単にクラウドサービスを利用する場
合はどうですか？ *155*

第8章	個人関連情報の第三者提供の制限

🔒 **8-1** **個人関連情報とは何か**

Q40 ● 個人関連情報にはどのようなものが該当するのです
か？ *160*

Q41 ● 個人関連情報を提供する事業者との間で「個人データ
として取得しない」という契約があっても提供先の事
業者に本人の同意を確認する必要がありますか？ *163*

🔒 **8-2** **Cookie の取扱い**

Q42 ● クッキー（Cookie）について、自社サイトに掲載し
たポリシーで説明しているので、第三者提供は自由に
行ってよいのですか？ *165*

🔒 **8-3** **同意取得した場合の記録の方法**

Q43 ● 個人関連情報を第三者提供する際に、同意取得はウェ
ブサイト上の「同意する」ボタンを押してもらう以上
に同意の記録を残す必要はありませんか？ *170*

🔒 **8-4** **個人関連情報と他の概念との関係**

Q44 ● 個人関連情報と匿名加工情報、仮名加工情報の関係は
どのように整理できますか？ *174*

第9章 ｜ 域外適用

🔒 9－1 域外適用の対象範囲

Q45 ● 海外の事業者に日本の個人情報保護法の適用はあるの
ですか？ *178*

🔒 9－2 域外適用の実効性とその対応

Q46 ● 海外の事業者への規制は実効性はあるのですか？ *180*

第10章 ｜ 罰 則

🔒 10－1 厳罰化

Q47 ● 事業者が個人情報保護法違反をした場合、どのような
刑罰が科されますか？ *184*

🔒 10－2 どのような場合に処罰されるか

Q48 ● 本人からの保有個人データの開示請求を無視した事業
者は処罰されますか？ *188*

🔒 10－3 漏えい等と処罰の関係

Q49 ● 個人データが漏えいしたにもかかわらず何もしなかっ
た事業者は処罰されますか？ *191*

Q50 ● 処罰以外に、事業者名が公表されることはあります
か？　公表されるのであれば、どのような場合に公表
されるのですか？ *192*

第11章　医療・学術分野の規定の見直し

🔒11-1　官民の規律統一化

Q51 ● どのような機関に民間部門の規制が適用されるのです
か？　　　　　　　　　　　　　　　　　　　　　　　*196*

Q52 ● 国公立大学の病院に民間部門の規制が課されること
で、これまでの治療や研究に問題はありませんか？　*199*

🔒11-2　学術研究の適用除外規定の精緻化

Q53 ● 学術研究機関についてどのような法改正が行われたの
ですか？　　　　　　　　　　　　　　　　　　　　*202*

Q54 ● 我が国の学術研究機関には EU の GDPR の十分性認
定の効力が及ばないということと、令和3年改正法
には関係がありますか？　　　　　　　　　　　　　*204*

Q55 ● 学術研究機関にも安全管理措置や開示等請求に関する
義務は課されますか？　　　　　　　　　　　　　　*206*

Q56 ● 当社で保有する個人データについて、研究機関からウ
イルス研究のために提供してほしいとの要請を受けま
したが、本人の同意を得ずに提供してもよいですか？　*209*

Q57 ● 研究機関が民間企業と共同で新製品の研究開発を行う
場合、「学術研究目的」には当たらないのですか？　*211*

第12章　地方公共団体等の個人情報の取扱い

🔒12-1　共通ルールの適用

Q58 ● 地方公共団体の「共通ルール」とはどのようなもので
すか？　　　　　　　　　　　　　　　　　　　　　*216*

🔒12-2　地方公共団体における個人情報の取扱い

Q59 ● 地方公共団体は、同意なく要配慮個人情報を取得でき

るのですか？ *220*

第13章 | 法律と条例の関係

🔒 13-1 法律と条例の関係

Q60 ● 改正法と各自治体の個人情報保護条例はどのような関係になるのですか？ *224*

Q61 ● 地方公共団体が独自に厳しい義務を規定することは可能なのでしょうか？ *226*

第14章 | 個人情報保護委員会の権限と行政機関の規制

🔒 14-1 個人情報保護委員会の権限

Q62 ● 個人情報保護委員会は、行政機関に対してどのような監視権限を持つことになりますか？ *230*

Q63 ● 情報公開法に基づく行政機関の開示決定に対しても、個人情報保護委員会は監督するのですか？ *232*

Q64 ● 個人情報保護委員会が権限を委任しているか否かは、どうしたらわかるのですか？ *233*

🔒 14-2 行政機関に対する規制

Q65 ● 行政機関が外国にある事業者に対して個人情報を同意なく提供した場合、何か問題がありますか？ *234*

付 録

1 個人情報保護法令和2年改正
重要ポイント対応チェックリスト *238*

2 プライバシーポリシー雛形 *242*

凡　例

個人情報の保護に関する法律 ……………………………… 個人情報保護法
個人情報の保護に関する法律施行令 …………………………… 施行令
個人情報の保護に関する法律施行規則 ……………………… 規則
行政機関の保有する個人情報の保護に関する法律 ………… 行政機関個人情報保護法
独立行政法人等の保有する個人情報の保護に関する法律 … 独立行政法人個人情報保護法
デジタル社会の形成を図るための関係法律の整備に関する法律
　………………………………………………… デジタル社会形成整備法

※出版時点未施行のも含め最新のもの（最新のものでないものについては注記する）。
※個人情報保護法は法令名は原則略。ただし、最新のものでない場合はその旨明記する。

Regulation（EU）2016/679 of the European Parliament and of the Council of 27 April
　2016 on the protection of natural persons with regard to the processing of personal
　data and on the free movement of such data, and repealing Directive 95/46/EC
　（General Data Protection Regulation） ………………… GDPR

個人情報の保護に関する法律についてのガイドライン（通則編）
　………………………………… ガイドライン（通則編）
個人情報の保護に関する法律についてのガイドライン（外国にある第三者への提供）
　………………………………… ガイドライン（外国にある第三者提供編）
個人情報の保護に関する法律についてのガイドライン（第三者提供時の確認・記録義務編）
　………………………………… ガイドライン（第三者提供時確認・記録義務編）
個人情報の保護に関する法律についてのガイドライン（仮名加工情報・匿名加工情報編）
　………………………………… ガイドライン（仮名加工情報・匿名加工情報編）
個人情報の保護に関する法律についてのガイドライン（認定個人情報保護団体編）
　………………………………… ガイドライン（認定個人情報保護団体編）
「個人データの漏えい等の事案が発生した場合等の対応について」
　………………………………………「個人データ漏えい事案発生の対応について」
行政機関の保有する個人情報の保護に関する法律についてのガイドライン（行政機関非識
　別加工情報編）……………… ガイドライン（行政機関非識別加工情報編）
独立行政法人等の保有する個人情報の保護に関する法律についてのガイドライン（独立
　行政法人等非識別加工情報編）…… ガイドライン（独立行政法人等非識別加工情報編）
個人情報の保護に関する法律についてのガイドライン（行政機関等編）
　………………………………… ガイドライン（行政機関等編）
「個人情報の保護に関する法律についてのガイドライン」に関する Q&A
　………………………………… ガイドライン Q&A

【書　籍】
「一問一答　令和2年改正個人情報保護法」（個人情報保護委員会事務局審議官佐脇紀代
　志編著）………………………………………………一問一答令和2年改正
「一問一答　令和3年改正個人情報保護法」（前内閣官房情報通信技術（IT）総合戦略室
　審議官冨安泰一郎ほか編著）………………………………一問一答令和3年改正
「新・個人情報保護法の逐条解説」宇賀克也 ………………………宇賀

第1章

改正の全体像

1－1

令和2年改正と令和3年改正の関係

Q01 個人情報保護法の改正が続いて全体像が見えないのですが、どうなっていますか？

A01 大きく言って、令和2年改正と令和3年改正があり、令和3年改正にはデジタル社会形成整備法50条の改正（いわゆる「50条改正」）と同法51条の改正（いわゆる「51条改正」）があります。

　令和2年改正はこれまでの個人情報保護法の権利義務規定の強化や補充という改正、令和3年改正は個人情報保護法、行政機関個人情報保護法及び独立行政法人個人情報保護法という3法の統一、地方公共団体との関係整備を主眼とした改正になっています。これまで複数存在していた個人情報保護制度を統一し、各省庁関係機関等から多数出ていたガイドラインも一本化するものです。

1 改正の経緯

　個人情報保護法成立から今日までの改正経緯は以下のとおりです。
① 平成17年（2005年）個人情報保護法の全面施行
② 平成27年（2015年）9月改正個人情報保護法成立（平成29年5月30日施行）
　　……5,000件要件廃止、要配慮個人情報、オプトアウト規制強

化、第三者提供記録義務、保有個人情報開示請求権の設置
など

（平成28年（2016年）にEUにおいてGDPRが公表され、平
成30年（2018年）5月から施行されました。海外との情報流
通に関してはEU側が対象国の制度を検証して「十分性」が確
認される必要が出てきたので日本政府が交渉を行った結果、平
成31年（2019年）1月23日に個人情報保護法24条（当時）
により日本政府がEU指定（同等の制度であるとの認識）を行
い、同日EU側からも「十分性認定」を得ました。）

③　令和2年（2020年）3月　改正個人情報保護法成立（本施行令
和4年4月1日、23条2項令和3年10月1日、罰則規定令和2
年12月12日に部分施行）

　　……仮名加工情報、個人関連情報概念の設定、デジタル開示、
　　　　漏えい報告・通知義務化、本人権利強化など

④　令和3年（2021年）改正（デジタル社会の形成を図るための
関係法律の整備に関する法律）

　　・50条改正（国・独立行政法人等・学術研究関係）
　　本施行令和4年4月1日、27条2項関係令和4年1月1日
　　部分施行

　　・51条改正（地方関係）
　　公布の日（令和3年5月19日）から2年以内の政令が定め
　　る期日に施行（関連文書では51条改正は令和5年に施行予
　　定とされていますが政令での決定はいまだなされていませ
　　ん。）

　個人情報保護法は、平成27年の改正法附則第12条第3項の規定を
置き、3年ごとの見直しが必要であるとして、国際状況、通信技術の
進展状況、個人情報を活用した産業の状況、さらには法律の施行状況

を検討して、必要な対策を検討することになっていました。

　欧州では、新しい個人情報保護の法制として、欧州全体に適用となるGDPRが平成30年（2018年）5月25日に施行となりました。ここから、世界が大きく変化し、個人情報保護を強化する流れは全世界に波及し始めました。我が国でも欧州との情報交流の必要から（いわゆる十分性認定問題）も、相応の対応が求められていました。令和2年改正は、GDPRとの調整も考慮して行われたものと考えられます。

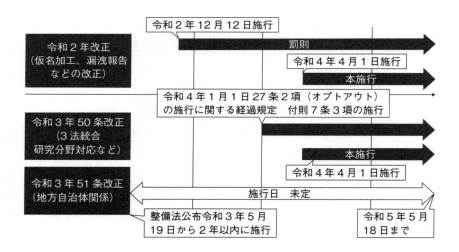

2 令和2年改正と令和3年改正の区分

　令和2年改正は、個人情報保護法の見直しの観点から、本人の権利強化、事業者規制の強化といった点に重点があります。

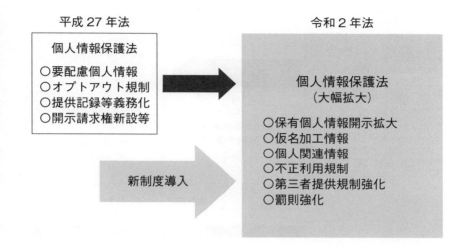

令和2年改正では、仮名加工情報、個人関連情報という、新しい概念を導入しました。また、不正利用の禁止、必要性がなくなった場合の消去請求などの制度も導入されています。

これに対して令和3年改正は、令和2年改正ではできなかった3法統合、制度統合の視点と、統合の結果を踏まえて、令和2年改正で足りなかった部分（科学研究における例外規定の拡充）の補充という意味がありました。制度統合は3法の統合（50条改正）と、条例との関係整備（51条改正）になります。

個人情報保護法以外の2法の廃止が法律の附則で定められていますが、実質的には、行政機関に関する規定は大幅に個人情報保護法に盛り込まれ、一本化といっても、むしろ統合した、並列的に合体、というべき内容になりました。これに対して独立行政法人については実質的に個人情報保護法が適用になるという形での統合になっています。

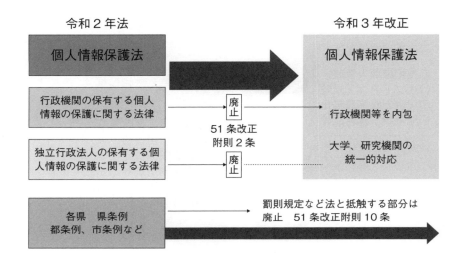

③ 事業者に関係する改正のポイント

　令和2年改正は、事業者にとって重要な改正です。本人の権利を拡張し、同意を重要視している一方で、事業者には情報の取扱いに十分配慮すること（個人関連情報など）を求めるほか、開示義務を強化して透明性を確保しており、企業としての対応が必須となります。

　令和3年改正は、大学、研究者、企業の研究組織にとって、情報利用を強く促進する方向での緩和が行われた結果、GDPR並みの規制緩和となり、欧米に対抗できる力をつけることが求められているといえます。

1−2 令和 2 年改正の概要

Q02 令和 2 年改正法の中身はどのようなものですか?

A02 令和 2 年改正法における主な改正点は、情報の主体たる本人の権利保護の強化、事業者の責務の追加、企業の特定業務 (部門) を対象とする認定団体制度の創設、「仮名加工情報」、「個人関連情報」といったデータ利活用に関する規制、罰則の強化、外国事業者に対する規制の強化などです。

1 改正の背景と経緯

　個人情報保護法は、平成 15 年に制定され、平成 17 年に全面施行された法律ですが、その後、平成 27 年に大改正が行われました。その平成 27 年改正法の附則 12 条では、平成 27 年改正法の施行 (平成 29 年 4 月 1 日) 後 3 年を目途として見直しを行うとしています。令和 2 年改正法は、この「3 年ごと見直し」を受けて改正されたものです。

　この 3 年の間でも、個人情報に関連する多くの事件・事故が発生しています。また、EU (ヨーロッパ連合) では、2018 年 (平成 30 年) 5 月 25 日に、GDPR (一般データ保護規則) が施行されるなど、世界の個人情報規制が大きく動き出しました。さらに、情報通信技術が大きく進展し、新たな産業が次々と生まれています。

　そこで、これらの事件・事故、世界の趨勢、情報通信技術の進展、新産業の創出等を踏まえて、個人情報保護の在り方を見直すことになりました。それが、この令和 2 年改正です。

　そして、令和 2 年 3 月 10 日に、令和 2 年改正案が閣議決定され、同日、国会に提出され、衆議院では 5 月 28 日、参議院では 6 月 5 日、賛成多数で可決成立し、同月 12 日公布されました。

　改正法の周知徹底を図り、事業者の準備期間をとるべく、令和 2 年改正法は、公布からおよそ 2 年後の、令和 4 年 4 月 1 日より施行されました。

2　令和 2 年改正法の概要

　上記のとおり、令和 2 年改正法は、最近の事件・事故、世界の趨勢等を踏まえたものであり、事業者にとって、重要なものがいくつもあります。以下では、令和 2 年改正法の概要を説明します。なお、下記(1)、(2)、(4)、(5)、(6)については、**第 2 章**以下で詳細を説明していますので、併せてご参照ください。

(1)　本人の権利保護の強化

　令和 2 年改正法では、情報の主体たる本人の権利の保護が強化されました。例えば、本人は、事業者に対し、保有個人データの利用停止・消去等を請求することができますが、これが令和 2 年改正により、事業者がその保有個人データを利用する必要がなくなった場合や本人の権利又は正当な利益が害されるおそれがある場合においても認められることになりました（35 条 5 項）。また、保有個人データの開示請求についても、書面の交付以外に電磁的記録の提供による方法での開示を求めることが可能となりました（33 条 1 項）。さらに、これまで開示、利用停止等請求の対象となる保有個人データについて、6

か月以内に消去することとなるものは除かれていましたが、令和 2 年改正により、6 か月以内に消去するものも保有個人データに含まれ、開示、利用停止等請求の対象になりました（16 条 4 項）。加えて、オプトアウト規制についても、不正の手段により取得された個人データについてはオプトアウトでの第三者提供を認めないなどの改正がありました（27 条 2 項）。

⑵　事業者の責務の追加

　令和 2 年改正法では、事業者の責務が追加されました。特に大きなものとして、漏えい等が発生し、本人の権利利益を害するおそれが大きい場合に、個人情報保護委員会への報告及び本人への通知が義務化された点が挙げられます（26 条）。また、違法又は不当な行為を助長し、又は誘発するおそれがある方法により個人情報を利用することが明文で禁止されました（19 条）。

⑶　事業者による自主的な取組みを促す仕組み

　令和 2 年改正法では、企業の特定の業務（部門）を対象とする団体を認定個人情報保護団体として認定できるようになりました。これまでは、金融、通信等の業界を対象とする団体が認定されていましたが、令和 2 年改正法では、業界に関わらず、例えば、広報部門など事業者の特定の業務（部門）を対象とする団体が認定できるようになりました（47 条 2 項）。これにより、例えば、金融機関の広報部門、通信会社の広報部門、自動車会社の広報部門などを対象とする認定団体が生まれる可能性があります。

⑷　データ利活用に関する規制

　令和 2 年改正法では、データの利活用に関する規制として、「仮名加工情報」（41 条、42 条）、「個人関連情報」（31 条等）が規定されま

した。これまでは「匿名加工情報」というものがありましたが、これは本人が一切わからない程度まで加工する必要がありました。他方、「仮名加工情報」は、他の情報と照合しない限り特定の個人を識別できない程度まで加工すればよいとされています。この「仮名加工情報」では、第三者への提供が原則禁止されますが、他方、本人からの開示・利用停止等請求の対象外とすることなどにより、事業者の負担が一部軽減されています。また、提供元事業者では個人データに該当しないが、提供先事業者では個人データとなることが想定される情報（個人関連情報）を提供する場合のルールも規定されました。

(5)　罰則の強化

　令和 2 年改正法では、罰則が強化されました。違反行為をした者に対する法定刑を引き上げるとともに、違反者が所属する法人に対しても罰金刑の最高額を引き上げました（178 条等）。

(6)　法の域外適用・越境移転

　令和 2 年改正法では、外国事業者に対する規制が強化されました。これまでは、外国事業者に対して強制力のない指導・助言・勧告のみが認められていましたが、令和 2 年改正により、罰則を伴う報告徴収・命令が認められるようになりました（171 条）。また、事業者が外国事業者に対して個人データを提供するときには、外国事業者における個人情報の取扱いに関して、本人への情報提供の充実等が求められるようになりました（28 条 2 項・3 項）。

1-3

令和 3 年改正の概要

Q03 令和 3 年改正法で何が変わるのですか？

A03 　令和 3 年改正法における主な改正点は、民間団体、行政機関、独立行政法人を含む個人情報保護制度の一本化、医療分野・学術分野の規制の統一化、学術研究における例外規定の適用見直し、地方公共団体における共通ルールの設定などです。

1 改正の背景と経緯

　1-2 のとおり、令和 2 年改正法は、平成 27 年改正法の附則 12 条に従い、3 年ごとの見直しを受けて改正され、令和 4 年 4 月 1 日から施行されます。令和 3 年改正法も、平成 27 年改正法の附則 12 条 6 項において、「新個人情報保護法第 2 条第 1 項に規定する個人情報及び行政機関等保有個人情報の保護に関する規定を集約し、一体的に規定することを含め、個人情報の保護に関する法制の在り方について検討するものとする」とされていることを踏まえて、令和元年から検討が進められてきました。

　そして、令和 3 年 2 月 9 日に、「デジタル社会の形成を図るための関係法律の整備に関する法律」（デジタル社会形成整備法）に含まれるかたちで令和 3 年改正案が閣議決定され、同日、国会に提出されて

衆議院では4月6日、参議院では5月12日、賛成多数で可決成立し、5月19日公布されました。

　令和3年改正法は、令和4年4月1日から大部分が施行されますが、地方公共団体・地方独立行政法人に関する部分については、公布の日から2年を超えない範囲内で施行されるとされており、令和5年に施行される予定です。

　なお、このように改正法の施行が相次いでいることから、条文番号が次々と変更されています。平成27年改正法（これまでの法律）、令和2年改正法（令和4年4月1日施行）、令和3年改正法（令和4年4月1日施行分）、令和3年改正法（令和5年施行分）それぞれで、条文番号が異なることがありますので注意してください。

2　令和3年改正法の概要

　上記のとおり、令和3年改正法は、令和2年改正法に比べ、民間事業者に影響を与えるものは多くないと思います。ただし、医療機関や学術研究機関、行政機関や地方公共団体から委託を受けているような事業者においては、いくつか重要な改正点があります。以下では、令和3年改正法の概要を説明します。

(1)　個人情報保護制度の一本化

　これまで個人情報保護制度は、民間企業に適用される個人情報保護法、行政機関に適用される行政機関個人情報保護法、国立大学などの独立行政法人に適用される独立行政法人個人情報保護法に分かれており、それぞれ別のルールとなっている上、個人情報保護法については個人情報保護委員会が、行政機関個人情報保護法及び独立行政法人個人情報保護法については総務省が所管することになっていました。そのため、適用されるルールが異なり、不均衡が生じていました。ま

た、同じ用語でも内容が異なっているものもあり、混乱のもとになっていました。例えば、同じ「個人情報」でも、個人情報保護法では、「特定の個人を識別することができるもの（他の情報と<u>容易に照合</u>することができ、それにより特定の個人を識別することができることとなるものを含む。）」となっているのに対し、行政機関個人情報保護法では、「特定の個人を識別することができるもの（他の情報と<u>照合</u>することができ、それにより特定の個人を識別することができることとなるものを含む。）」となっており、「容易」に照合できるかどうかに違いがありました。そこで、令和3年改正法では、民間事業者、行政機関、独立行政法人について法律を一本化し、また個人情報保護委員会に所管を一元化することになりました。

(2)　医療分野・学術分野の規制の統一化

　前述のとおり、これまでは、民間企業には個人情報保護法が適用され、独立行政法人である国立大学には独立行政法人個人情報保護法が適用されていました。しかしながら、例えば、国立大学と民間の研究機関が共同研究する場合には、国立大学と民間の研究機関でそれぞれ適用される法律が異なることから、個人情報保護のルールも異なるという不整合が生じていました。そこで、令和3年改正法では、医療分野や学術分野についての規制を統一するため、原則として民間企業と同等の規律を適用することになりました（2条11項3号・別表第2・2条11項4号、16条2項、58条）。

(3)　学術研究における例外規定の適用見直し

　これまで学術研究については、個人情報取扱事業者としての義務が適用外となっていました。しかしながら、現在、学術研究分野は、国内での調査・研究で完結するものではなく、広く海外にある研究機関や海外にいる人から情報を収集し、又は海外にある研究機関に情報を

提供する必要があり、国際ルールに従う必要があります。特に、EUにおける GDPR（一般データ保護規則）では、厳しい域外移転のルールがあり、このルールを遵守している場合には、十分な保護がされている国としての認定（十分性認定）を受け、情報の移転がスムーズに行える仕組みとなっています。日本も現在、この十分性認定を受けていますが、あくまで民間事業者に適用される個人情報保護法についての認定であり、これも定期的な見直しがなされることになっています。そこで、令和 3 年改正法では、学術研究においても、この GDPRの十分性認定に沿うように、利用目的の制限（18 条 2 項 5 号・6 号）、要配慮個人情報の取得制限（20 条 2 項 5 号・6 号）、第三者提供の制限（27 条 1 項 5 号〜 7 号）などを除いて、民間事業者と同じルールが適用されることになりました（57 条の適用除外規定から学術研究機関を削除）。具体的には、学術研究における個人データについても安全管理措置が求められ、また、保有個人データについて開示等の請求に対処するなどが必要となります。

⑷　地方公共団体における共通ルールの設定

　これまで地方公共団体においては、行政機関個人情報保護法等は適用されず、各地方公共団体が制定する個人情報保護条例による規制となっていました。そのため、各地方公共団体が制定する個人情報保護条例が多数に上り、それぞれが異なるルールとなっている、いわゆる「2000 個問題」が生じていました。そこで、令和 3 年改正法では、全国的な共通ルールを法律で設定し（2 条 11 項 2 号において、地方公共団体の機関を行政機関等に含め、国の機関と同様のルールを適用）、法律の範囲内で、必要最小限の独自の措置を許容するということになりました。ただし、各地方公共団体が独自の措置をとる場合には、個人情報保護委員会への届け出が必要となります。

改正法の条文関係

Q04 条文番号が資料によってまちまちです。改正により従前の条文番号はどう変わったのですか？

A04 平成27年改正法が令和2年に改正されましたが、この改正では条文の多くが、例えば「16条の2」というように、枝番として追加されました。

さらに令和3年50条改正でいったん整理され、枝番で追加していたものを新たな条文として附番しなおしました。そのうえで、令和3年51条改正により地方公共団体の条例との調整が行われ、いくつかの条文が追加された結果、50条改正時点での条文番号がさらに変更となりました。

ただ、令和3年50条改正は令和4年4月1日施行ですが、最終的な番号になるはずの51条改正はまだ施行日が決まっておらず、令和5年5月までに施行されるので、その時点で最終的に条文番号自体は固まることになります。

本書では、令和3年51条改正もすでに成立し、施行は確実であることから、最終版として令和3年51条改正後の条文番号に統一して記載することとしています。

1　条文の推移の概要

　平成 27 年改正法は 88 条まで、令和 2 年改正も条文自体は 88 条まで で同一ですが、令和 2 年改正で枝番の付く条文が増加しました。新 しい制度を導入した部分の多くが枝番となりました。例えば、不適正 利用を定めた 16 条の 2、漏洩報告・通知義務について定めた 22 条の 2 などです。

　令和 3 年 50 条改正で条文が 180 条までになり、令和 3 年 51 条改正 により 185 条までと増加しました。その変化の概要は以下のとおりで す。

現行の法体制	令和 2 年改正	令和 3 年改正

現行の法体制

（民間事業者全般）
個人情報保護法
監督官庁ごとのガイ
ドラインによる規制

（行政機関）
行政機関の保有す
る個人情報の保護
に関する法律

（独立行政機関）
独立行政法人等の
保有する個人情報
の保護に関する法
律

（地方自治体）
県条例　　ほか

令和 2 年改正

（民間事業者）
個人情報保護法
○仮名加工情報　　§2⑨§35 の 2
○不適正利用　　　§16 の 2
○漏洩等報告・通知　§22 の 2
○個人関連情報第三者提供制限
　　　　　　　　　　§26 の 2
○保有個人情報開示拡大
　安全管理措置開示　政令§8
○電磁開示制度　　§28
○利用停止範囲拡大　§29
○国際約束の履行　　§78 の 2
○罰則強化　§83§85§87
　両罰規定拡大　　§57

令和 3 年改正

50 条改正
（民間＋行政＋独法）
個人情報保護法
○個人関連情報　　§2⑦
○行政機関・独法追加§2⑧⑨　§8
○学術研究機関除外
§18③　§20②　§27①
（§58 開示免除）　責務追記　§59
○第 5 章行政機関追加　第 3 款行政監視
　行政罰則　§171 他

51 条改正
（地方公共団体・地方独立法人を行政機関等）
　§60 行政機関等の規定
条例要配慮個人情報
　§108　条例との関係

法律廃止　附則§2　経過規定§50、51
○行政機関の保有する個人情報の保護に関する法律
○独立行政法人等の保有する個人情報の保護に関する法律

2 番号照合表

令和4年3月まで適用される平成27年改正法、令和4年4月1日から施行となる令和2年改正法、さらに51条改正最終版という3つの時点で整理し、一覧表（後掲）を作ってみました。

平成27年改正と2年改正では番号の基本は変わらないため、照合は容易ですが、令和3年になると大幅に変更となるので、注意が必要です。紙面の都合上、3年改正は51条改正後のものとして統一しています。

◆改正個人情報保護法　重要条文照合表◆

現行法		令和2年改正法		令和3年改正法	
2条	定義規定	2条9項	（新設）仮名加工情報　35条の2	2条5項	仮名加工情報
		10項	（新設）仮名加工情報取扱事業者		
				2条7項	（新設）個人関連情報の定義
				2条8項	（新設）行政機関
				2条9項	（新設）独立行政法人等
				2項10項	（新設）地方独立行政法人
				2条11項	（新設）行政機関等
15条	利用目的の特定	15条	利用目的の特定	17条	利用目的の特定
16条	利用目的による制限	16条	利用目的による制限	18条	利用目的による制限
				18条3項5号、6号	（新設）研究目的を例外に追加
		16条の2	（新設）不適切な利用の禁止	19条	不適切な利用の禁止
17条	適正な取得	17条	適正な取得	20条	適正な取得
				20条2項5号、6号	（新設）研究目的の場合の要配慮情報取得
18条	利用目的の通知	18条	利用目的の通知	21条	利用目的の通知
19条	正確性の確保	19条	正確性の確保	22条	正確性の確保
20条	安全管理措置	20条	安全管理措置	23条	安全管理措置
21条	従業者監督	21条	従業者監督	24条	従業者監督
22条	委託先監督	21条	委託先監督	25条	委託先監督
		22条の2	（新設）漏洩等の報告	26条	漏洩等の報告※行政機関を追加
23条	第三者提供制限	23条	第三者提供制限※変更点あり	27条5、6、7項	第三者提供※研究機関等の場合の例外規定を追加
24条		24条2項、3項	（新設）外国にある第三者に提供する場合の措置	28条	外国にある第三者に提供する場合の措置

25条	提供記録	25条	提供記録	29条	提供記録
26条	受領記録	26条	受領記録	30条	受領記録
		26条の2	（新設）個人関連情報の第三者提供制限	31条	個人関連情報の第三者提供制限
27条	保有個人データの公表等	27条	保有個人データの公表等	32条	保有個人データの公表等
28条	開示	28条	開示※電磁記録等による開示を追加	33条	開示
29条	訂正	29条	訂正	34条	訂正
30条	利用停止等	30条	利用停止等（※利用停止に必要条件追加）	35条	利用停止等
		35条の2	（新設）仮名加工情報の作成等	41条	仮名加工情報の作成等
		35条の3	（新設）仮名加工情報第三者提供制限	42条	仮名加工情報第三者提供制限
36条	匿名加工情報の作成等	36条		43条	匿名加工情報の作成等
				58条	（新設）学術研究団体の公開開示等請求の除外
				59条	（新設）学術研究団体の責務
				60条以下	（新設）行政機関関連規定の追加
				130条以下	個人情報保護委員会
44条	権限の委任	44条	権限の委任	150条	権限の委任
59条以下	個人情報保護委員会	59条以下	個人情報保護委員会		
75条	適用範囲（域外適用）	75条	適用範囲（域外適用）	171条	適用範囲（域外適用）
				172条	（新設）外国執行機関への情報提供
				176条以下	（新設）行政機関等の罰則

第2章

保有個人データ

保有個人データの範囲の拡大

Q05 これまですぐに消去していた個人データについて、今後は開示請求に対応するため、一定期間保存しておいたほうがよいですか？

A05 　22条により、事業者は、利用する必要のなくなった個人データを遅滞なく消去するよう努めなければならないとされていることから、必要のない個人データは保存せず、削除すべきです。

1 保有個人データの定義の変更 ……………………

　個人情報保護法では、個人情報を容易に検索できるように体系的に構成してデータベース等にした場合、このデータベース等を構成する個人情報を個人データとしています（16条3項）。そして、個人情報取扱事業者が、開示、訂正、追加又は削除、利用の停止、消去及び第三者への提供の停止を行うことができる権利を有する個人データを、保有個人データといいます（16条4項）。

　これまで、6か月以内に消去する個人データは、保有個人データには該当せず、開示等の対象外とされており、本人から開示等の請求があっても、これに応じる必要はありませんでした。これは、短期間で消去されるようなデータであれば、本人の権利利益を侵害する危険性が低く、そのような情報まで開示等の対応をしなければならない事業

者の負担が大きいという理由からです。しかしながら、短期間で消去されるデータであっても、漏えい等が発生した場合において、本人の権利利益を侵害する危険性が低いとは限りません。そこで、令和２年改正法により、６か月という期間制限がなくなり、短期間に消去される個人データであっても、保有個人データに当たることになりました。

❷　保有個人データは一定期間保存すべきなのか ……

　このように、保有個人データについて期間制限がなくなると、一つ困ったことが起こります。短期間で消去する個人データであっても開示等請求の対象となると、開示等請求に応じるため、かえって、短期間で消去してはならず、一定期間、そのデータを保有しておかなければならないのではとの疑問が生じてしまうのです。

　結論からいうと、22条の趣旨から、このようなデータであっても消去して構いません。22条では、事業者は、個人データを正確かつ最新の内容に保つとともに、利用する必要がなくなったときは、遅滞なく消去するように努めなければならないとされています。この条文は、「努めなければならない」とされており、ガイドライン（通則編）では、これに従わなかったことをもって直ちに法違反と判断されることはないとしていますが、法の基本理念（３条）から、可能な限り対応することが望まれるとされています。また、事業者としても、利用する必要のない情報を持っていても何の役にも立たない上、万が一、情報漏えいが起こった場合には、本人に対して、損害賠償義務を負うこともあります。したがって、必要のなくなった個人データは速やかに消去して構わない、消去すべきということになります。そして、消去してしまった保有個人データは、すでに事業者の手元にないのですから、万が一、本人から開示等請求がなされたとしても、開示等に応じる必要はないということになります。

　なお、「利用する必要がなくなったとき」とは、利用目的が達成された場合のみならず、利用目的が達成されなかったものの、その個人データを利用した事業自体が中止となった場合も含まれます。

　ただし、法令の定めによりデータの保存期間が定められているような場合は、その間はそのデータを保存しておかなければなりません。その保存期間内に、本人から開示等請求がなされたときは、事業者は、これに適切に対応しなければなりません。

3　保有個人データに該当しないもの

　前述のとおり、個人データは個人情報がデータベース化されたもので、個人データのうち開示等を行うことができるものが保有個人データですから、検索できるように整理されていない個人情報、いわゆる散在情報については、保有個人データに該当せず、開示等に応じる必要はありません。

　また、本人からの開示等請求に応じるのがふさわしくないデータもあります。そこで、16条4項では、保有個人データを「その存否が明らかになることにより公益その他の利益が害されるものとして政令で定めるもの以外のものをいう」として、保有個人データに該当せず、開示等請求の対象とならないものを認めています。そして、この規定を受けて、施行令5条では、本人又は第三者の生命、身体又は財産に危害が及ぶおそれがあるもの、違法又は不当な行為を助長し、又は誘発するおそれのあるもの、国の安全が害されるおそれや他国等との信頼関係が損なわれるおそれ等があるもの、犯罪の予防、鎮圧又は捜査その他公共の安全と秩序の維持に支障が及ぶおそれがあるものが挙げられています。これらに該当する場合は、保有個人データに該当せず、本人から開示等請求がなされたとしても、事業者は開示等をする必要はありません。

保有個人データに関する事項の周知

Q06 保有個人データに関する周知事項について、改正法によりどのような変更があったのですか？

A06 令和2年改正により、個人情報取扱事業者の住所と代表者の氏名、安全管理のために講じた措置についても周知することが必要となりました。

1 周知すべき事項

　個人情報取扱事業者は、保有個人データに関して、次に掲げる事項を、本人の知り得る状態（本人の求めに応じて遅滞なく回答する場合を含む。）に置かなければなりません（32条1項、施行令10条）。

① 　個人情報取扱事業者の氏名又は名称及び住所並びに法人代表者の氏名
② 　すべての保有個人データの利用目的
③ 　保有個人データの利用目的の通知、開示、訂正等、利用停止等の請求に応じる手続き（保有個人データの利用目的の通知、開示につき手数料の額を定めたときは、その手数料の額を含む。）
④ 　保有個人データの安全管理のために講じた措置
⑤ 　苦情の申出先
⑥ 　認定個人情報保護団体の対象事業者の場合には、認定個人情報

　　保護団体の名称及び苦情の解決の申出先

　この 32 条 1 項は、利用目的についての規定（21 条 1 項）などで使われている「公表」という言葉を使わず、「本人の知り得る状態」に置くこととされています。「本人の知り得る状態」について、ガイドライン（通則編）では、「ホームページへの掲載、パンフレットの配布、本人の求めに応じて遅滞なく回答を行うこと等、本人が知ろうとすれば、知ることができる状態に置くことをいい、常にその時点での正確な内容を本人の知り得る状態に置かなければならない」とされており、常時公開しておく必要はなく、本人の求めに応じて速やかに知らせることができる体制を整えておけばよいとされています。

2　改正による追加事項

　令和 2 年改正により、周知すべき事項が追加されました。追加された事項については、以下のとおりです。

(1)　住所、法人代表者の氏名の追加

　これまでは、個人情報取扱事業者の氏名又は名称のみを周知すればよいとされてきましたが、令和 2 年改正により、住所及び法人の代表者の氏名が追加されました（32 条 1 項 1 号）。

　これは、これまで住所が周知事項となっておらず、本人が事業者に連絡を取ろうとしても住所がわからないため、連絡をとることもできないことになってしまう事態が想定されたことから追加されたものです。例えば、現在、多くのインターネットサービスにおいて事業者に連絡を取ろうとする場合、所定のメールフォームに入力するなどの方式がとられています。しかしながら、「電子メール等により請求等をしても返信がなければ、当該請求等が受け付けられたのか否かを確認

することもできない」（一問一答令和2年改正・Q59）ことも考えられます。また、保有個人データの開示等を請求すべく裁判を起こそうとしても、事業者の住所がわからなければ、被告の住所を記載することができず、訴訟を提起することすらできません。

そこで、住所や代表者氏名も公表事項に追加したのです。

なお、ガイドライン（通則編）によると、事業者が外国に所在する場合は、当該外国の名称も含むとされています。

(2) 安全管理措置

事業者は、取り扱う個人データの漏えい、滅失又は毀損の防止その他の個人データの安全管理のために必要かつ適切な措置を講じなければなりません（23条）。これを、安全管理措置といいます。令和2年改正法により、保有個人データの安全管理のために講じた措置についても周知することが必要となりました（32条1項4号、施行令10条1号）。

ただし、安全管理措置の内容をあまりに具体的に周知してしまうと、事業者が行っているセキュリティ対策が公になってしまう結果、かえって脆弱性が明らかとなり、不正アクセス等を受け情報漏えいが発生してしまうことにもなりかねません。そこで、施行令10条1号括弧書では、本人の知り得る状態（本人の求めに応じて遅滞なく回答する場合を含む。）に置くことにより安全管理に支障を及ぼすおそれがあるものは除くとされています。他方で、ガイドライン（通則編）によると、「『個人情報の保護に関する法律についてのガイドライン（通則編）』に沿って安全管理措置を実施しているといった内容の掲載や回答のみでは適切ではない」とされており、ある程度具体的な内容を周知することが必要とされています。このように、安全管理措置の周知についてはどの程度まで具体的にすべきなのか非常に難しく、事業者にとっては悩ましいものがあります。ガイドライン（通則編）に

は、「安全管理のために講じた措置として本人の知り得る状態に置く
内容の事例」が挙げられていますので、事業者は、これを参考にしつ
つも、自社に合った内容の安全管理措置を策定し、本人の知り得る状
態に置く必要があります。この点については、設問 **2－4** でも説明し
ます。

保有個人データの開示方法

Q07 保有個人データの開示について、本人からデータポータビリティを求められた場合、これに応じなければならないのですか？

A07 改正法でもデータポータビリティは認められていませんので、応じる必要はありません。ただし、できる限り本人の要望に沿った形で対応することが望ましいでしょう。

1 保有個人データの開示方法

　本人は、事業者に対し、保有個人データの開示を請求することができます。これまで、この開示は、書面の交付による方法とされてきました。しかしながら、開示請求の対象となる保有個人データが、大量にある場合や、動画データや音声データである場合、書面での開示では限界があります。そこで、令和2年改正により、本人は、電磁的記録の提供による方法、書面の交付による方法、その他当該個人情報取扱事業者の定める方法により、開示を請求することができるようになりました（33条1項、規則30条）。この規定により、本人は、開示を請求する際に、どのような開示方法で開示してもらいたいかを選択できることになり、この請求を受けた事業者は、原則として、本人が請求した方法により、遅滞なく保有個人データを開示しなければなり

ません（33 条 2 項）。

　なお、事業者が定めた開示方法に対して本人が異議を述べなかった場合は、事業者が定めた方法での開示ができますので、事業者としては、あらかじめ開示方法を定めておいたほうがよいでしょう。

2 本人が請求した方法による開示が困難な場合 ……

　本人は保有個人データの開示の方法を選択できますが、本人が選択した方法による開示が困難な場合も考えられます。そのような場合に備えて、個人情報保護法では、本人が請求した方法による開示に多額の費用を要する場合その他の当該方法による開示が困難である場合は、書面の交付による方法で構わないとされています（33 条 2 項本文括弧書）。ガイドライン（通則編）では、この「当該方法による開示が困難である場合」の事例として、当該開示請求に応じるため、大規模なシステム改修を行わなければならないような場合、書面で個人情報や帳簿等の管理を行っている小規模事業者が、電磁的記録の提供に対応することが困難な場合が挙げられています。

　なお、ガイドライン（通則編）では、電磁的記録の提供による方法として、電磁的記録を CD-ROM 等の媒体に保存して、当該媒体を郵送する方法、電磁的記録を電子メールに添付して送信する方法、会員専用サイト等のウェブサイト上で電磁的記録をダウンロードしてもらう方法などが挙げられています。ここで、本人が電磁的記録の提供による開示を求めた場合で、特定のファイル形式等を指定してくることも考えられますが、事業者において指定されたファイル形式等による開示が困難な場合には、対応可能なファイル形式等で開示すれば足りるとされています（ガイドライン Q&A　Q9 -10）。したがって、事業者は、本人が指定するファイル形式等に拘束されることはなく、事業者が適切と考える形式等で開示すればよいということになります。

ただし、できる限り、本人の要望に沿った形で対応することが望ましいでしょう。

また、33条1項を濫用するような形で開示請求が行われた場合には、開示に応じる必要はないとされています。例えば、「電磁的記録の提供にふさわしい音声等のデータを、個人が、業務を妨害するために、あえて書面で請求するような場合は、『業務の適正な実施に著しい支障を及ぼすおそれ』（第28条第2項第2号）があるため、開示請求に応じる必要はないものと考えられます」（一問一答令和2年改正・Q64。条文番号は令和2年改正法のものであり、令和4年4月1日施行後の条文番号とは異なりますので、ご注意ください。）と指摘されています。

3　データポータビリティの可否

データポータビリティとは、本人が事業者に提供した個人データについて、アクセスしたり、別の事業者に移行することを求めることができる権利のことをいいます。例えば、携帯電話会社を乗り換えるため、Aという携帯電話会社に提供した自分の個人情報を、直接AからBという携帯電話会社に移してもらう権利のことです。EUのGDPR（一般データ保護規則）20条では、このデータポータビリティの権利が認められています。他方、我が国では、改正法においても、このデータポータビリティは明記されませんでした。したがって、現状は、データポータビリティは認められず、事業者は、本人から求められたとしても、これに応じる必要はありません。

ただし、現在、このデータポータビリティについてはさまざまな議論が行われている最中であり、今後の法改正により、データポータビリティ制度が導入されることも考えられます。ガイドライン（通則編）でも、「可読性・検索性のある形式による提供や、技術的に可能

な場合には、他の事業者への移行可能な形式による提供を含め、できる限り本人の要望に沿った形で対応することが望ましい。」とされており、データポータビリティを直接認めたものではありませんが、可能な限り、本人の利便性を図ることが求められています。

2-4

保有個人データの安全管理のために講じた措置

Q08 今回の改正で、保有個人データの安全管理のために講じた措置についても本人へ周知するよう義務付けられたと聞きましたが、どこまで周知すべきなのでしょうか？

A08 ガイドライン（通則編）などを参考に、自社の実情に合わせて実施している安全管理措置の内容を周知することになります。ただし、安全管理に支障を及ぼすおそれがあるものまで周知する必要はありません。

2-2で説明したとおり、令和2年改正により、事業者は、保有個人データの安全管理のために講じた措置についても、本人の知り得る状態（本人の求めに応じて遅滞なく回答する場合を含む。）に置かなければならなくなりました（32条1項4号、施行令10条1号）。

もっとも、施行令10条1号では、本人の知り得る状態に置くことにより当該保有個人データの安全管理に支障を及ぼすおそれがあるものを除くとしか規定しておらず、どのような内容を、本人の知り得る状態に置かなければならないか、必ずしも明らかではありません。

そこで、ガイドライン（通則編）では、「安全管理のために講じた措置として本人の知り得る状態に置く内容の事例」が挙げられています。もっとも、ガイドライン（通則編）に挙げられているものはあく

まで一例であり、事業者は、自社に合った内容の安全管理措置を講じ、本人の知り得る状態に置くことが必要です。以下では、このガイドライン（通則編）を参考に、安全管理のために講じた措置についての雛型を挙げておきます。

　なお、ガイドライン（通則編）では、中規模事業者（従業員が100人以下の事業者）向けの事例も挙げられていますが、大きな方向性に違いはありませんので、ここでは省略します。大企業であっても、中小企業であっても、事業の規模及び性質、個人データの取扱状況、個人データを記録した媒体の性質等に起因するリスクに応じて、事業者がそれぞれ必要かつ適切な内容の安全管理措置を講じ、周知することが重要です。

---

① 　基本方針の策定

・当社は、個人データの適正な取扱いの確保のため、関係法令及びガイドライン等を遵守しています。

・当社は、個人データの適正な取扱いの確保のため、プライバシーポリシーを策定しています（プライバシーポリシーはこちら（ウェブページアドレスを記載））。

・当社は、お客様からの質問及び苦情処理、並びに保有個人データの開示等請求の窓口を設置しています（連絡先を記載）。

② 　個人データの取扱いに係る規律の整備

・当社は、個人データの取得、利用、保存、提供、削除・廃棄等の各段階ごとに、取扱方法、責任者及び取扱担当者、並びに任務等について、取扱規程を策定しています。

③ 　組織的安全管理措置

・当社は、個人データの取扱いに関する責任者を設置するとともに、個人データを取り扱う従業者及び当該従業者が取り扱う個人データの範囲を明確にしています。

・当社は、定期的に、個人データの取扱状況を確認する手段及び体制を整備しています。

・当社は、個人データの取扱いに関して、法令・ガイドラインや取扱規程に違反している事実又はその兆候を把握した場合における報告体制を整備しています。

・当社は、個人データの取扱状況について、定期的に自己点検を実施するとともに、総務部（個人情報担当部署）や監査法人による監査を実施しています。また、当社は、適宜、外部専門機関による監査・調査を実施しています。

・当社は、適宜、安全管理措置の見直しを実施しています。

④　人的安全管理措置

・当社は、個人データの取扱いに関して、従業者に定期的な研修・教育を実施しています。

・当社は、個人データについての秘密保持に関する事項を就業規則その他労務管理規程に記載するとともに、従業者に誓約書の提出を求めています。

⑤　物理的安全管理措置

・当社は、事業所内で個人データを取り扱うことができる区画を設定し、個人データを取り扱う区画において入退室管理を実施するとともに、同区画に持ち込むことができる機器等の制限を行っています。

・当社は、個人データを取り扱う機器及びファイル等の保管場所を特定し、施錠をするなど、個人データを取り扱う機器及びファイル等の盗難、紛失等を防止するための措置を講じています。

・当社は、事業所の内外を問わず、個人データを取り扱う機器及びファイル等を持ち運ぶ際には、容易に個人データが判明しないよう、パスワードを設定したり、暗号化するなどの措置を実施しています。

・当社は、不要となった個人データの削除方法や個人データが記録された機器等の廃棄方法を定め、その運用を確認しています。

⑥　技術的安全管理措置

・当社は、個人データを取り扱う機器等について、アクセス制御を実施し、個人データを取り扱う担当者及び当該担当者が扱う個人データ範囲を限定しています。

・当社は、個人データを取り扱う情報システムについて、外部からの不正アクセス又は不正ソフトウェアから保護する仕組みとして、WAF、IDS/IPS、UTM など適切なセキュリティ機器を導入するとともに、最新の状態にアップデートしています。

・当社は、セキュリティ会社と契約を締結し、常時、情報システムの監視を実施しています。

⑦　外的環境の把握

・当社は、●●国に所在する事業者に対し、個人データの取扱いを委託しています。●●国は GDPR 及び●●国データ保護法が適用されており、日本の個人情報保護法と同レベルの個人情報保護制度が整備されています。●●国に所在する事業者に対し、GDPR 及び●●国データ保護法を遵守するとともに、OECD プライバシーガイドライン 8 原則に対応する措置を講じていることを契約において表明保証させた上で、当社は定期的に、●●国に所在する事業者から個人データ取扱い状況についての報告を受けています。

・当社は、個人データの利用・保管に関して、●●国に所在する事業者が提供するクラウドサービスを利用しています。当該事業者が所在する●●国は GDPR 及び●●国データ保護法が適用されており、日本の個人情報保護法と同レベルの個人情報保護制度が整備されています。当該クラウドサービスのサーバの所在地は公表されておらず、サーバが所在する国を特定できませんが、当該

事業者との間の契約で、GDPR と同程度の個人情報保護法制を有する国に限定されています。また、当該事業者に対し、GDPR 及び●●国データ保護法を遵守するとともに、OECD プライバシーガイドライン 8 原則に対応する措置を講じていることを契約において表明保証させた上で、当社は定期的に、当該事業者から個人データ取扱い状況についての報告を受けています。

　以上は、ガイドライン（通則編）を参考に筆者が考えたものですので、このように記載しなければならないというものではありません。事業者それぞれの実情に応じて柔軟に対応する必要があります。また、本人に周知すべき事項を策定しただけではなく、実際に、この内容が実行されている必要があります。

利用停止・消去・第三者提供停止の要件の緩和

Q09 本人から、使う必要のない個人データを消去するよう求められたのですが、消去しなければなりませんか？

A09 令和2年改正により、保有個人データを利用する必要がなくなった場合にも、本人は保有個人データの消去を求めることができるようになりました。したがって、事業者としては、使う必要のない個人データを消去しなければなりません。

1 利用停止等の要件緩和

　個人情報保護法では、本人に、保有個人データの利用停止、消去、第三者提供停止の請求を認めています。もっとも、これまでは、①利用目的の達成に必要な範囲を超えて利用している場合、②偽りその他不正の手段により取得した場合、③本人の同意なく第三者提供した場合、④外国にある第三者への提供を認める旨の本人の同意を得ることなく外国の第三者に提供した場合に限られていました。しかしながら、本人の望まないかたちで個人情報が利用され、事業者が利用停止等に応じないケースが多発するなど、個人の権利利益保護が不十分であるとの指摘がされていました。そこで、令和2年改正法では、本人の権利を強化し、上記以外にも、

⑤　保有個人データを利用する必要がなくなった場合

⑥　漏えい、滅失、毀損その他の個人データの安全の確保に係る事態が生じた場合

⑦　本人の権利又は正当な利益が害されるおそれがある場合

にも、保有個人データの利用停止、消去又は第三者への提供を停止するよう請求することができるようになりました（35条5項）。

また、令和2年改正により、違法又は不当な行為を助長し、又は誘発するおそれがある方法での利用が禁止されたこと（19条）を受け、⑧不適正利用の場合にも利用停止等が認められました（35条1項）。

この⑤の「利用する必要がなくなった場合」とは、利用目的が達成した場合のみならず、利用目的が達成しなかったものの、利用目的の前提となる事業自体が中止になった場合も含みます（ガイドライン（通則編））。⑦の「本人の権利又は正当な利益が害されるおそれがある場合」とは、「法目的に照らして保護に値する正当な利益が存在し、それが侵害されるおそれがある場合をいう」とされており（ガイドライン（通則編））、「正当」かどうかは、「相手方である個人情報取扱事業者との関係で決まるものであり、個人情報取扱事業者に本人の権利利益の保護の必要性を上回る特別な事情がない限りは、個人情報取扱事業者は請求に応じる必要がある」とされています（同）。また、「おそれ」とは、「一般人の認識を基準として、客観的に判断する」とされています（同）。具体的には、ケースに応じて個別具体的に判断することになりますが、例えば、ダイレクトメールの送付を受けた本人が、送付の停止を求める意思を表示したにもかかわらず、それ以降も繰り返しダイレクトメールが送付されている場合などが挙げられます（同）。

逆に、不当な利益を得るための利用停止等請求である場合は、事業者は、その請求に応じる必要はありません。例えば、料金の支払いを免れるため、事業者に対して自己の個人情報を消去することを請求す

るようなケースが挙げられます。

2　事業者の対応

　事業者が、本人から上記⑤〜⑧を原因とする利用停止・削除・第三者提供停止の請求を受けた場合で、その請求に理由があることが判明したときは、本人の権利利益の侵害を防止するために必要な限度で、遅滞なく利用停止等をしなければなりません（35条2項、6項）。

　したがって、事業者において利用目的が達成され、当該個人データを利用する必要がなくなっている場合には、利用停止又は消去しなければなりません。

　もっとも、35条2項には、「違反を是正するために必要な限度」、35条6項には、「本人の権利利益の侵害を防止するために必要な限度」という制限が設けられていることから、本人から、すべてのデータについて消去請求がなされたとしても、必ずしもその請求に従う必要はなく、一部の利用停止措置をとるということでも構いません。

保有個人データと 他の概念との関係

Q10 仮名加工情報、匿名加工情報、個人関連情報は、 保有個人データとなるのですか？

A10 匿名加工情報、個人関連情報は、保有個人データにはなり 得ません。仮名加工情報は、特定の個人を識別できないよう に加工したものですが、他の情報と照合して容易に個人の特定が可能 となると考えられ、多くは個人データにもあたるものです。そこで、 個人情報保護法では、仮名加工情報は保有個人データにはなるが、開 示等の請求に対応しなくてもよいもの、という構成をとっています。

1 保有個人データとは

　保有個人データとは、「個人情報取扱事業者が、開示、内容の訂正、 追加又は削除、利用の停止、消去及び第三者への提供の停止を行うこ とのできる権限を有する個人データであって、その存否が明らかにな ることにより公益その他の利益が害されるものとして政令で定めるも の以外のものをいう。」とされています（16条4項）。事業者が、本 人から請求される開示、内容の訂正、追加又は削除、利用の停止、消 去及び第三者への提供の停止のすべてに応じることができる権限を有 する「個人データ」のことで、これらの権限がなければ、保有個人 データではありません。

2 匿名加工情報とは

その一方で、匿名加工情報は、特定の個人を識別することができないように個人情報を加工して得られる個人に関する情報であって、当該個人情報を復元することができないようにしたものです（2 条 6 項）。匿名加工情報は、個人データに当たらず、本人の同意なく第三者提供できます。したがって、保有個人データにはなり得ません（匿名加工情報と仮名加工情報の差異については **3－2** を参照ください。）。

3 個人関連情報とは

個人関連情報とは、生存する個人に関する情報であって、個人情報、仮名加工情報、匿名加工情報のいずれにも該当しないものです（2 条 7 項）。Cookie（クッキー）等の端末識別子を通じて収集された個人のウェブサイトの閲覧履歴や個人の商品購買履歴・サービス利用履歴個人の位置情報がこれに当たります（ガイドライン（通則編））。（詳しくは、**8－1** を参照してください。）

個人関連情報は、個人データには該当せず、したがって、保有個人データにはなり得ません。

4 仮名加工情報とは

新しく導入された仮名加工情報は、他の情報と照合しない限り特定の個人を識別することができないように加工された個人に関する情報のことをいいます（2 条 5 項）。

仮名加工情報と匿名加工情報とは、特定の個人を識別することができる記述等の全部又は一部を削除するという点では共通していますが（規則 31 条 1 号、41 条 1 項）、匿名加工情報と異なり、仮名加工情報

には「個人情報である仮名加工情報」と「個人情報でない仮名加工情報」があります。仮名加工情報が「他の情報と容易に照合することができ、それにより特定の個人を識別することができる」状態にある場合には、その仮名加工情報は、「個人情報」に該当するからです（**3－4**参照）。

　仮名加工情報を作成した個人情報取扱事業者においては、通常は、その仮名加工情報の作成の元となった個人情報やその仮名加工情報に係る削除情報などを保有していると考えられ、仮名加工情報の多くは容易に照合して特定の個人を識別することができるため「個人情報」に該当するものです。したがって、「仮名加工情報である個人データ」は当然に存在し、実際に条文上も明記されています。では、「仮名加工情報である保有個人データ」なるものは、存在するのでしょうか。

5　開示請求できない「保有個人データ」？

　保有個人データは、前記のとおり、本人から請求される開示、内容の訂正、追加又は削除、利用の停止、消去及び第三者への提供の停止のすべてに応じることができる権限を有する「個人データ」のことです。仮名加工情報は、仮名加工情報の作成の元となった個人情報の本人を識別する目的で他の情報と照合してはならないとされていますから（識別行為の禁止）、本人を識別できない以上、開示等の請求には対応できません。そうすると、事実上は開示等の請求ができないため、保有個人データにはなり得ないように思えます。

　しかし、個人情報保護法は、仮名加工情報である個人データがあることを重視し、「仮名加工情報である保有個人データ」の存在を認めた上で、開示等の請求に対応しなければいけないとする規定を「仮名加工情報である保有個人データ」については適用しないこととしています（41条9項）。つまり、仮名加工情報は、保有個人データにはな

るが、開示等の請求に対応しなくてもよいもの、という構成をとった
わけです。

【保有個人データと仮名加工情報の整理】

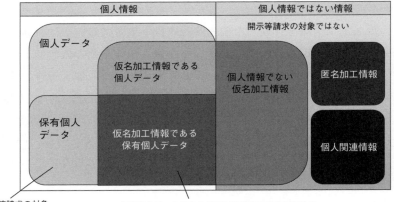

第3章

仮名加工情報

仮名加工情報とは何か

Q11 個人データではなく仮名加工情報を子会社に提供しようと思いますが、問題ありませんか？

A11 「仮名加工情報」とは、他の情報と照合しない限り特定の個人を識別することができないように加工された個人に関する情報のことです。仮名加工情報取扱事業者は、法令に基づく場合を除くほか、仮名加工情報を第三者に提供することは明文で禁止されています。その仮名加工情報が個人情報でない場合であっても、同様に第三者に提供することは原則できません。

また、子会社は別法人である限り、第三者に該当するので、本人の同意がない限り、原則として、子会社に提供することはできません。

1 仮名加工情報とは

仮名加工情報とは、他の情報と照合しない限り特定の個人を識別することができないように加工された個人に関する情報のことをいいます（2条5項）。

仮名化された個人情報について、一定の安全性を確保しつつ、データとしての有用性を、加工前の個人情報と同等程度に保つことにより、匿名加工情報よりも詳細な分析を比較的簡便な加工方法で実施し得るものとして、利活用しようとするニーズが高まっていることを背

景に、令和2年改正により導入されました（個人情報保護委員会「個人情報の保護に関する法律等の一部を改正する法律について」）。仮名加工情報は、企業の内部で分析・活用されることが前提となっています。

仮名加工情報となるためには、「他の情報と照合しない限り特定の個人を識別することができないように個人情報を加工」することが必要となります。

「他の情報と照合しない限り特定の個人を識別することができない」という要件は、加工後の情報それ自体により特定の個人を識別することができないような状態にすることを求めるものです。

仮名加工情報の「加工」としては、以下のことをする必要があります。

---

① 特定の個人を識別することができる記述等（例：氏名）の全部又は一部を削除（置換を含む。）すること

② 個人識別符号の全部を削除すること

③ 不正に利用されることにより、財産的被害が生じるおそれのある記述等（例：クレジットカード番号）を削除すること

個人情報取扱事業者が取り扱う個人情報には、一般に、氏名、住所、生年月日、性別のほか、さまざまな個人に関する記述等が含まれています。これらの記述等は、氏名のようにその情報単体で特定の個人を識別することができるもののほか、住所、生年月日など、これらの記述等が合わさることによって特定の個人を識別することができるものもあります。このような特定の個人を識別できる記述等から全部又はその一部を削除するあるいは他の記述等に置き換えることによって、特定の個人を識別することができないよう加工しなければなりません。

　また、一度仮名加工情報を作ると、仮名加工情報の作成の元となっ
た個人情報の本人を識別する目的で他の情報と照合する「識別行為」
は禁止されることになります（41 条 7 項、42 条 3 項）。

2　仮名加工情報であることの効果 ……………………

　仮名加工情報（個人情報であるもの）、仮名加工情報である個人
データ及び仮名加工情報である保有個人データについては、通常の個
人情報、個人データ及び保有個人データと異なり、以下の規定が適用
されないというメリットがあります。

　・利用目的の変更の制限
　・漏えい等の報告及び本人通知
　・保有個人データに関する事項の公表等、及び保有個人データの開
　　示・訂正等・利用停止等への対応等

　これらの例外は、仮名加工情報が、加工によりそれ自体では特定の
個人を識別できない状態になっており、事業者内部で本人と紐づくこ
となく利用されるのであれば、個人の権利利益が侵害されるリスクが
相当程度低減されることを踏まえたものです。

3　第三者提供の禁止 …………………………………

　仮名加工情報は、それ自体では特定の個人を識別できませんが、第
三者への提供は原則禁止されます（41 条 6 項、42 条 1 項・2 項）。た
だし、委託や事業承継等による提供は許されています。
　個人情報保護委員会は、仮名加工情報の第三者提供を認めると、以
下のような弊害が考えられるため、第三者提供が禁止されると説明し

ています（ガイドライン Q&A・14-7）。

　・仮名加工情報を取得した悪意者により識別行為が行われるおそれ
　　があり、個人の権利利益が侵害されるリスクを高めること
　・漏えい等発生時におけるリスクの低下を図るため、それ単体では
　　特定の個人を識別することができないように加工しているにも関
　　わらず、第三者提供について本人に関与させるためには、あえて
　　加工前の個人情報を復元し、特定の個人を識別することが必要と
　　なるため、むしろ漏えい等発生時におけるリスクを高めること

　なお、仮名加工情報を作成する前に本人の同意を得ていた場合で
あっても、第三者への提供は原則できません。他方で、仮名加工情報
の作成の元となった個人データについては、本人の事前の同意を得て
第三者提供することは可能とされています（ガイドライン Q&A・
14-7）。
　そうすると、個人データは本人の事前の同意を得て第三者提供する
ことは可能である一方、仮名加工情報とすることにより、それが個人
情報に当たらない場合であっても、第三者に提供することができなく
なります。
　この点について、一問一答令和2年改正では、「仮名加工情報の取
扱いの全部又は一部を委託すること等に伴って当該仮名加工情報の提
供を受けた者にとって、当該仮名加工情報が個人情報に該当しない場
合において、仮に、当該仮名加工情報の第三者提供が禁止されていな
いとすると、当該仮名加工情報が転々流通されるおそれがあり、その
過程において特定の個人が識別され、個人の権利利益が侵害されるリ
スクが高まることとなり、仮名加工情報としての前提が成立しないこ
とになります。」として、個人情報に該当しない仮名加工情報であっ
ても第三者提供が禁止されることとしたと説明しています（Q25）。

　なお、欧州の GDPR（一般データ保護規則）でも、仮名化（pseudonymisation）という概念がありますが、仮名化された情報は、個人データとして提供行為が原則として禁止されており、適切な技術的措置及び組織的措置であると考えられています。今回の仮名加工情報も、GDPR の仮名化に近い概念と評価できるといえます。

仮名加工情報と
匿名加工情報の差異

Q12 特定の個人を識別できなくした情報は、仮名加工情報と匿名加工情報のどちらですか？

A12 「仮名加工情報」とは、他の情報と照合しない限り特定の個人を識別することができないように加工された個人に関する情報のことです。通常は、仮名加工情報を作成した個人情報取扱事業者においては、当該仮名加工情報の作成の元となった個人情報や当該仮名加工情報に係る削除情報等を保有していると考えられることから、多くの場合「個人情報」に該当するものです。これに対して、匿名加工情報は、特定の個人を識別することができないように個人情報を加工して得られる個人に関する情報であって、当該個人情報を復元することができないようにしたものです。仮名加工情報と匿名加工情報とは、特定の個人を識別することができる記述等の全部又は一部を削除するという点では共通していますが、匿名加工情報は個人情報を復元することが不可能な加工をする点で仮名加工情報と異なります。

1 仮名加工情報とは

　仮名加工情報とは、他の情報と照合しない限り特定の個人を識別することができないように加工された個人に関する情報のことをいいます（2条5項）。

　仮名加工情報というためには「他の情報と照合しない限り特定の個人を識別することができないように個人情報を加工」することが必要となります。他方で、仮名加工情報を作成した個人情報取扱事業者においては、通常は、その仮名加工情報の作成の元となった個人情報やその仮名加工情報に係る削除情報などを保有していると考えられます。そうすると、仮名加工情報の多くは容易に照合して特定の個人を識別することができるため「個人情報」に該当するものです。

2　匿名加工情報

　その一方で、匿名加工情報は、特定の個人を識別することができないように個人情報を加工して得られる個人に関する情報であって、当該個人情報を復元することができないようにしたものです（2 条 6 項）。仮名加工情報とは異なり、元の個人情報に復元することが不可能にする必要があります。

3　仮名加工情報と匿名加工情報の加工方法の違い

　仮名加工情報と匿名加工情報とは、特定の個人を識別することができる記述等の全部又は一部を削除するという点では共通しています（規則 31 条 1 号、34 条 1 号）。

　しかし、匿名加工情報の場合は、元の個人情報に復元することが不可能にするために、以下のような加工をする必要があります（ガイドライン（仮名加工情報・匿名加工情報編））。

　・サービス会員の情報について、氏名等の基本的な情報と購買履歴を分散管理し、それらを管理用 ID を付すことにより連結している場合、その管理用 ID を削除する。（規則 34 条 3 号の例）

【仮名加工情報と匿名加工情報の加工基準の差異（概要）】

	仮名加工情報	匿名加工情報
定義	他の情報と照合しない限り特定の個人を識別することができないように個人情報を加工して得られる個人に関する情報（法第2条第5項）	特定の個人を識別することができないように個人情報を加工して得られる個人に関する情報であって、当該個人情報を復元することができないようにしたもの（法第2条第6項）
加工基準	特定の個人を識別することができる記述等の全部又は一部の削除（規則第31条第1号） ※「削除」には、当該記述等を復元することのできる規則性を有しない方法により他の記述等に置き換えることが含まれる。以下同じ。	特定の個人を識別することができる記述等の全部又は一部の削除（規則第34条第1号） ※「削除」には、当該記述等を復元することのできる規則性を有しない方法により他の記述等に置き換えることが含まれる。以下同じ。
	個人識別符号の全部の削除（規則第31条第2号）	個人識別符号の全部の削除（規則第34条第2号）
	－	個人情報と当該個人情報に措置を講じて得られる情報を連結する符号（現に個人情報取扱事業者において取り扱う情報を相互に連結する符号に限る。）を削除（規則第34条第3号）
	－	特異な記述等の削除（規則第34条第4号）
	－	前各号に掲げる措置のほか、個人情報に含まれる記述等と当該個人情報を含む個人情報データベース等を構成する他の個人情報に含まれる記述等との差異その他の当該個人情報データベース等の性質を勘案し、その結果を踏まえて適切な措置を講ずる（規則第34条第5号）
	不正に利用されることにより財産的被害が生じるおそれのある記述等の削除（規則第31条第3号）	－

（ガイドライン（仮名加工情報・匿名加工情報編）より抜粋）

・症例数の極めて少ない病歴を削除する。年齢が「116 歳」という情報を「90 歳以上」に置き換える。（規則 34 条 4 号の例）

・移動履歴を含む個人情報データベース等を加工の対象とする場合において、自宅や職場などの所在が推定できる位置情報（経度・緯度情報）が含まれており、特定の個人の識別又は元の個人情報の復元につながるおそれがある場合に、推定につながり得る所定範囲の位置情報を削除する。（規則 34 条 5 号の例）

4 仮名加工情報と匿名加工情報のルールの違い ……

　仮名加工情報と匿名加工情報は、前記のように、加工の方法も異なりますが、適用されるルールも異なってきます。例えば、仮名加工情報は第三者に提供することが原則として禁止されていますが、匿名加工情報は本人の同意なく第三者に提供することができます。

　仮名加工情報と匿名加工情報のルールの違いを次ページの表にしました。

（ガイドライン（仮名加工情報・匿名加工情報編）「仮名加工情報と匿名加工情報の取扱いに関する主な規律の差異（概要)」をもとに作成）

	仮名加工情報	匿名加工情報
安全管理	・削除情報等の安全管理措置（41条2項） ・仮名加工情報の安全管理措置（23条、42条3項）	・加工方法等情報の安全管理措置（43条2項） ・匿名加工情報の安全管理措置（努力義務）（43条6項、46条）
公表事項	・利用目的の公表（41条4項） ※利用目的を変更した場合には、変更後の利用目的について公表義務あり	・匿名加工情報に含まれる個人に関する情報の項目の公表（43条3項）
提供	・第三者提供の原則禁止（41条6項、42条1項・2項） ※法令に基づく場合又は委託、事業承継若しくは共同利用による例外あり	・本人同意なく第三者提供可能 ・提供時に、匿名加工情報に含まれる個人に関する情報の項目及びその提供の方法の公表、並びに匿名加工情報である旨の提供先に対する明示（43条4項、44条）
利用	・識別行為の禁止（41条7項、42条3項） ・本人への連絡等の禁止（41条8項、42条3項） ・利用目的の制限（41条3項） ※利用目的の変更は可能（41条9項） ・利用目的達成時の消去（努力義務）（41条5項） ・苦情処理（努力義務）（40条、42条3項）	・識別行為の禁止（43条5項、45条） ・苦情処理（努力義務）（43条6項、46条）

仮名加工情報の
仮名加工方法

Q13 どうやって加工すれば仮名加工情報になるのですか？

A13 「仮名加工情報」とは、他の情報と照合しない限り特定の個人を識別することができないように加工された個人に関する情報のことです。仮名加工情報となるためには、他の情報と照合しない限り特定の個人を識別することができないように加工されることが必要ですが、その基準は個人情報保護委員会規則で定められています。基準に従った加工でなければ、仮名加工情報としては扱われません。

1 仮名加工情報とは

　仮名加工情報とは、他の情報と照合しない限り特定の個人を識別することができないように加工された個人に関する情報のことをいいます（2条5項）。

　仮名加工情報というためには「他の情報と照合しない限り特定の個人を識別することができないように個人情報を加工」することが必要となります。

　「他の情報と照合しない限り特定の個人を識別することができない」という要件は、加工後の情報それ自体により特定の個人を識別することができないような状態にすることを求めるものです。

　仮名加工情報の「加工」としては、個人情報保護委員会規則の定める基準に従って、以下のことをする必要があります。

> ①　特定の個人を識別することができる記述等（例：氏名）の全部又は一部を削除（置換を含む。）すること
> ②　個人識別符号の全部を削除すること
> ③　不正に利用されることにより、財産的被害が生じるおそれのある記述等（例：クレジットカード番号）を削除すること

　仮名加工情報の加工基準に基づかずに、個人情報を安全管理措置の一環としてマスキング等によって仮名化した場合には、仮名加工情報としては扱われません（ガイドライン Q&A・14- 4）。

　なお、要配慮個人情報を含む個人情報を加工して仮名加工情報を作成することも可能です（ガイドライン Q&A・14- 6）。

❷ 特定の個人を識別することができる記述等の全部又は一部を削除すること

> 規則 31 条 1 号
> 個人情報に含まれる特定の個人を識別することができる記述等の全部又は一部を削除すること（当該全部又は一部の記述等を復元することのできる規則性を有しない方法により他の記述等に置き換えることを含む。）。

　個人情報には、一般に、氏名、住所、生年月日、性別など、さまざまな個人に関する記述などが含まれています。これらの記述などは、氏名のようにその情報単体で特定の個人を識別することができるもの

のほかに、住所、生年月日などの記述などが合わさることによって特定の個人を識別することができるものもあります。このような特定の個人を識別できる記述などから全部又はその一部を削除する、あるいは他の記述等に置き換えることによって、特定の個人を識別することができないよう加工しなければなりません。

　また、「他の記述等に置き換える」場合は、元の記述などを復元できる規則性を有しない方法でなければなりません。例えば、生年月日の情報を生年の情報に置き換える場合のように、元の記述等をより抽象的な記述に置き換えることも考えられます（ガイドライン（仮名加工情報・匿名加工情報編））。

【仮名加工の例】

① 会員 ID、氏名、年齢、性別、サービス利用履歴が含まれる個人情報を加工する場合

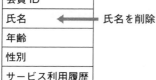

② 氏名、住所、生年月日が含まれる個人情報を加工する場合

3 個人識別符号の全部を削除すること

規則 31 条 2 号

個人情報に含まれる個人識別符号の全部を削除すること（当該個人識別符号を復元することのできる規則性を有しない方法により他の記述等に置き換えることを含む。）

　加工対象となる個人情報が、個人識別符号を含む情報であるときは、その個人識別符号単体で特定の個人を識別できてしまうため、その個人識別符号の全部を削除又は他の記述等に置き換えて、特定の個人を識別できないようにしなければなりません。

　個人識別符号は施行令に定められていますが、生体情報（DNA、顔、虹彩、声紋、歩行の態様、手指の静脈、指紋・掌紋）をデジタルデータに変換したものや旅券番号、基礎年金番号、免許証番号、住民票コード、マイナンバー、各種保険証の番号などの公的機関が割り振る番号が含まれます。これらの個人識別符号がある場合は、原則として削除する必要があります。

4　不正に利用されることにより、財産的被害が生じるおそれのある記述等を削除すること

> 規則 31 条 3 号
> 個人情報に含まれる不正に利用されることにより財産的被害が生じるおそれがある記述等を削除すること（当該記述等を復元することのできる規則性を有しない方法により他の記述等に置き換えることを含む。）。

　一般的にみて、不正に利用されることにより個人の財産的被害が生じるおそれが類型的に高い記述などについては、それが漏えいした場合に個人の権利利益の侵害が生じる蓋然性が相対的に高いと考えられます。そのため、仮名加工情報を作成するに当たっては、その記述などについて削除又は他の記述などへの置き換えを行わなければならないとされています。

　具体的には、クレジットカード番号を削除する、送金や決済機能の

あるウェブサービスのログイン ID・パスワードを削除する、などの
加工方法が考えられます（ガイドライン（仮名加工情報・匿名加工情
報編））。

　クレジットカード番号の下 4 桁だけ表示することもよく行われてい
ますが、クレジットカード番号の下 4 桁それ自体が不正に利用される
ことにより直ちに財産的被害が生じるおそれがあるとは考えられない
ため、クレジットカード番号の下 4 桁それ自体については「不正に利
用されることにより財産的被害が生じるおそれがある記述等」には該
当しないとされています。また、銀行の口座番号それ自体について
も、同様に「不正に利用されることにより財産的被害が生じるおそれ
がある記述等」には該当しないとされています（ガイドライン
Q&A・14- 8 ）。

5　消除情報等の安全管理措置

　仮名加工情報の作成に伴って、個人情報から削除された記述などや
個人識別符号など（消除情報等）を取得したときは、そうした削除情
報等の漏えいを防止するための安全管理措置を講じる必要があります
（41 条 2 項）。

個人情報である仮名加工情報と個人情報でない仮名加工情報

Q14 個人情報でない仮名加工情報は漏えいしても問題ありませんか？

A14 「仮名加工情報」とは、他の情報と照合しない限り特定の個人を識別することができないように加工された個人に関する情報のことですが、「個人情報である仮名加工情報」と「個人情報でない仮名加工情報」があります。仮名加工情報である個人データや保有個人データが漏えいした場合、漏えい等の報告や本人への通知といった義務は課されません。ただし、個人情報でない仮名加工情報であっても、漏えいを防止するための安全管理措置義務はあるので、この義務に反していないかは問題となります。また、仮名加工情報の作成過程で個人情報から削除された記述等や個人識別符号まで漏えいした場合は、漏えいしたものが個人データに該当すれば、報告や本人への通知が必要となる場合があります。

1 個人情報である仮名加工情報と個人情報でない仮名加工情報

　仮名加工情報とは、他の情報と照合しない限り特定の個人を識別することができないように加工された個人に関する情報のことをいいます（2条5項）。そして、仮名加工情報には「個人情報である仮名加

71

工情報」と「個人情報でない仮名加工情報」があります。

　仮名加工情報取扱事業者が、仮名加工情報の作成の元となった個人情報やその仮名加工情報に係る「削除情報等」（仮名加工情報の作成に用いられた個人情報から削除された記述及び個人識別符号などの加工の方法に関する情報）を保有しているなどの理由で、当該仮名加工情報が「他の情報と容易に照合することができ、それにより特定の個人を識別することができる」状態にある場合には、その仮名加工情報は、「個人情報」に該当します。

　これに対し、例えば、委託などにより仮名加工情報の提供を受けた仮名加工情報取扱事業者において、当該仮名加工情報の作成の元となった個人情報や当該仮名加工情報に係る削除情報等を保有していないなどの理由で、その仮名加工情報が「他の情報と容易に照合することができ、それにより特定の個人を識別することができる」状態にない場合には、当該仮名加工情報は、「個人情報」に該当しません（ガイドライン Q&A・14-2）。

2 個人情報である仮名加工情報と個人情報でない仮名加工情報の取扱いについて義務の違い

　仮名加工情報取扱事業者が遵守すべき個人情報である仮名加工情報の取扱いに関する義務と個人情報でない仮名加工情報の取扱いに関する義務は異なりますので、注意が必要です。

　まず、個人情報である仮名加工情報の取扱いについては、以下のような義務が課されます。

個人情報である仮名加工情報の取扱い

⑴　特定された利用目的の達成に必要な範囲を超えて、個人情報である仮名加工情報を取り扱ってはならない（41 条 3 項）。

⑵　取得したときは、あらかじめその利用目的を公表している場合を除き、速やかに、その利用目的を公表しなければならない。また、利用目的を変更した場合は、変更後の利用目的を公表しなければならない（41 条 4 項）。

⑶　仮名加工情報である個人データ及び削除情報等を利用する必要がなくなったときは、仮名加工情報である個人データ及び削除情報等を遅滞なく消去するよう努めなければならない（41 条 5 項）。

⑷　法令に基づく場合を除くほか、仮名加工情報である個人データを第三者に提供してはならない（41 条 6 項）。

⑸　個人情報である仮名加工情報を取り扱うに当たっては、元の個人情報に係る本人を識別する目的で他の情報と照合することを行ってはならない（41 条 7 項）。

⑹　元の個人情報に係る本人への連絡等を行う目的で仮名加工情報に含まれる連絡先その他の情報を利用してはならない（41 条 8 項）。

⑺　利用目的の変更の制限（17 条 2 項）、漏えい等の報告及び本人通知（26 条）、保有個人データに関する事項の公表等、及び保有個人データの開示・訂正等・利用停止等への対応等（32 条から 39 条まで）についての規定は適用されない（41 条 9 項）。

⑻　仮名加工情報である個人データについては、通常の個人情報及び個人データと同様、不適正利用の禁止（19 条）、適正取得（20 条 1 項）、安全管理措置（23 条）、従業者の監督（24 条）、委託先の監督（25 条）、苦情処理（40 条）の規定が適用される。

　これに対し、個人情報でない仮名加工情報の取扱いについては、前記のような利用目的に関する規定の適用がないなど、義務は大幅に軽減されています（以下の図を参照）。安全管理措置については、個人情報である仮名加工情報については「漏えい、滅失又は毀損」を防止する安全管理措置が求められていますが、個人情報でない仮名加工情

報については「漏えい」のみを防止する安全管理措置が求められています（42条3項）。これは、個人情報でない仮名加工情報について、本人の権利利益の侵害が生じ得るのは、漏えいした仮名加工情報を用いて害意のある者が本人を特定した場合のみであると考えられたことによります（宇賀377頁）。

個人情報でない仮名加工情報の取扱い
⑴　法令に基づく場合を除くほか、仮名加工情報を第三者に提供してはならない（42条1項・2項）。 ⑵　安全管理措置（23条）、従業者の監督（24条）、委託先の監督（25条）、苦情処理（40条）、識別行為の禁止（41条7項）、本人への連絡等の禁止（41条8項）の規定が適用（準用）される（42条3項）

3　仮名加工情報が漏えいした場合

　仮名加工情報が漏えいした場合、漏えい等の報告及び本人通知についての規定は適用されません（41条9項）。そのため、報告は必要ありません。仮名加工情報は、他の情報と照合しない限り特定の個人を識別することができないように加工された情報である以上、それが個人データにあたる場合であっても、個人の権利利益が害されるおそれが大きいとはいえないためです。個人情報に当たらない仮名加工情報の場合は、当然に漏えい等の報告や本人通知は不要です（宇賀371頁）。

　もっとも、仮名加工情報については、前記のとおり安全管理措置が求められています。個人情報でない仮名加工情報であっても、漏えいを防止するための安全管理措置義務はあるので（42条3項）、その義務違反は問題となるでしょう。

　また、仮名加工情報の消除情報等が漏えいした場合、例えば、氏名と仮 ID の対応表など、それを用いて元の個人情報を復元することのできる削除情報等が漏えいした場合には、削除情報等の安全管理措置を講ずる義務（41 条 2 項）や仮名加工情報である個人データの安全管理措置を講ずる義務（23 条）の履行の観点から、原則として、当該仮名加工情報に含まれる仮 ID を振り直すこと等により仮名加工情報を新たに作り直すなどの措置を講じることが求められています（ガイドライン（仮名加工情報・匿名加工情報編））。

　また、漏えいした削除情報等が個人データに該当する場合は、個人データの漏えいと同様に報告及び本人通知が必要となる場合があります（ガイドライン Q&A・14-13）。

仮名加工情報の利用の場面

Q15 仮名加工情報が新設されましたが、第三者に提供できないのに利用するメリットはあるのですか？

A15 「仮名加工情報」は、他の情報と照合しない限り特定の個人を識別することができないように加工された個人に関する情報のことですが、第三者への提供は原則としてできません。仮名加工情報は、企業などの内部での利活用が想定されており、漏えい等による権利利益の侵害のリスクを低減させるとともに、匿名加工情報よりも詳細な分析を、比較的簡便な加工方法で実施することが可能になるというメリットがあると考えられています。

1 仮名加工情報の導入の経緯

　仮名加工情報とは、他の情報と照合しない限り特定の個人を識別することができないように加工された個人に関する情報のことをいいます（2条5項）。

　仮名化された個人情報について、一定の安全性を確保しつつ、データとしての有用性を、加工前の個人情報と同等程度に保つことにより、匿名加工情報よりも詳細な分析を比較的簡便な加工方法で実施し得るものとして、利活用しようとするニーズが高まっていることを背景に、令和2年改正により導入されました（個人情報保護委員会「個

人情報保護法令和 2 年改正及び令和 3 年改正案について」)。

　欧州のGDPR（一般データ保護規則）でも、仮名化（pseudonymisation）という概念がありますが、仮名化された情報は、個人データとしての取扱いを前提としつつ若干緩やかな取扱いを認めた、適切な技術的措置及び組織的措置であると考えられています。我が国でも、個人情報と匿名加工情報の中間的な「仮名化」制度の導入に対する要望が経済界からあり、「いわゆる 3 年ごと見直し」の検討過程での意見募集の際にも「仮名化」制度導入を支持する意見が多く寄せられていました（一問一答令和 2 年改正・Q11）。

（匿名加工情報との違いについては **3－2** を参照してください。）

2 仮名加工情報のメリット

　仮名加工情報は、企業の内部で分析・活用されることが前提となっており、第三者への提供は原則禁止されます（41 条 6 項、42 条 1 項・2 項）。他方で、 仮名加工情報であることによって、以下の規定が適用されないというメリットがあります。

・利用目的の変更の制限
・漏えい等の報告及び本人通知
・保有個人データに関する事項の公表等、及び保有個人データの開示・訂正等・利用停止等への対応等

　これらのメリットから、企業内部での仮名加工情報の詳細な分析が可能になると考えられました。

- 仮名加工情報については、**開示・利用停止等の請求の対象とならない。**
- 仮名加工情報とすることで、当初の利用目的としては特定されていなかった**新たな目的での分析が可能。**
  - ただし、**本人を識別する、本人に連絡等する、第三者に提供することを必要としない目的であることが条件。**
  - 委託や共同利用も可能。

想定される事例

1. **当初の利用目的には該当しない目的**や、該当するか**判断が難しい新たな目的**での内部分析
   ① 医療・製薬分野等における研究
   ② 不正検知・売上予測等の機械学習モデルの学習　等

2. 利用目的を達成した個人情報について、将来的に統計分析に利用する可能性があるため、**仮名加工情報として加工した上で保管**

（個人情報保護委員会「個人情報保護法の令和 2 年改正について」より）

　例えば、①当初の利用目的には該当しない目的、該当するか判断が難しい新たな目的での内部分析を行うケース、②利用目的を達成した個人情報について、将来的に統計分析に利用する可能性があるため、仮名加工情報として加工した上で保管するケース、などが想定されています（図参照。一問一答令和 2 年改正・Q10）。

Q16　仮名加工情報の委託先への提供や共同利用は可能ですか？

A16　仮名加工情報は、企業の内部で分析・活用されることが前提となっており、第三者への提供は原則禁止されますが、仮名加工情報の取扱いを委託したり、共同利用することが可能です。委託や共同利用の場合は、個人情報を取り扱う個人情報取扱事業者と一体のものとしてとらえることが適当かつ合理的と考えられるためです。

1　仮名加工情報の第三提供に該当しない場合 ┈┈┈┈┈

　仮名加工情報は、企業の内部で分析・活用されることが前提となっており、第三者への提供は原則禁止されます（41条6項、42条1項・2項）。

　しかし、以下の3つの場合は、仮名加工情報である個人データの提供先は個人情報取扱事業者である仮名加工情報取扱事業者とは別の主体として形式的には第三者に該当するものの、提供主体の個人情報取扱事業者である仮名加工情報取扱事業者と一体のものとして取り扱うことに合理性があるため、第三者には該当しないものとされています。

（1）　委託（41条6項、27条5項1号）
（2）　事業の承継（41条6項、27条5項2号）
（3）　共同利用（41条6項、27条5項3号）

2　委託・共同利用の注意点 ┈┈┈┈┈┈┈┈┈┈┈┈┈

(1)　委託の場合

　仮名加工情報である個人データの取扱業務の全部又は一部を委託する場合、委託先は、委託された業務以外に仮名加工情報である個人データを取り扱うことはできません。また、提供主体の個人情報取扱事業者である仮名加工情報取扱事業者には、委託先に対する監督責任が課されます（25条）。個人情報取扱事業者である仮名加工情報取扱事業者は、委託先に対する監督義務、及び仮名加工情報である個人データの安全管理措置を講ずる義務（23条）の履行の観点から、委託先が提供を受けた仮名加工情報を取り扱うに当たって、委託先に対

して、提供する情報が仮名加工情報である旨を明示しなければならないとされています(ガイドライン(仮名加工情報・匿名加工情報編))。

⑵　共同利用の場合

　仮名加工情報である個人データを共同利用する場合は、

① 　共同利用をする旨

② 　共同して利用される仮名加工情報である個人データの項目

③ 　共同して利用する者の範囲（必ずしも事業者名を列記する必要はない）

④ 　利用する者の利用目的

⑤ 　当該仮名加工情報である個人データの管理について責任を有する者の氏名又は名称及び住所並びに法人にあっては、その代表者の氏名

をあらかじめ公表する必要があります。

第 4 章

不適正な利用の禁止

不適正な利用の禁止とは

Q17 新たに禁止されることになった不適正な利用と違法な利用行為は違うのですか？

A17 　個人情報保護法では、適法に取得した個人情報であっても、違法又は不当な行為を助長し、又は誘発するおそれがある方法によって個人情報を利用することはできないとの規定が新たに盛り込まれました。この規定は、法令の明文の規定に反するというように直ちに違法とは言えない場合であっても、社会通念上適正とは認められない個人情報の利用を禁止するものです。したがって、法令に反する違法な個人情報の利用だけでなく、社会通念上適正とは認められない個人情報の利用もこの規定によって禁止されることになりました。

1 不適正な利用の禁止とは

　19条では、個人情報取扱事業者は、違法又は不当な行為を助長し、又は誘発するおそれがある方法により個人情報を利用してはならないとされています。

　「違法又は不当な行為」とは、個人情報保護法その他の法令に違反する行為、及び直ちに違法とはいえないものの、法令などの制度趣旨又は公序良俗に反する等、社会通念上適正とは認められない行為をいいます（ガイドライン（通則編））。こうした行為を助長し、誘発する

おそれがある方法によって個人情報を利用することが新たに禁止されました。

　昨今の急速なデータ分析技術の向上等を背景に、潜在的に個人の権利利益の侵害につながることが懸念される個人情報の利用の形態がみられるようになり、消費者側の懸念が高まりつつあることから、不適正な方法で個人情報を利用してはならない旨を明確化することになったのです（「個人情報の保護に関する法律等の一部を改正する法律について」個人情報保護委員会）。

　令和2年改正前は、個人情報の不適正な取扱いによる個人の権利利益の侵害を未然に防止する観点から、取扱いの最初の段階である個人情報の「取得」について、適正な手段によることが求められていました。また、「取得」後については、事業者があらかじめ特定した利用目的の範囲内での個人情報の取扱いが求められていますが、事業者があらかじめ特定した利用目的の範囲で個人情報を利用し、改正前の個人情報保護法の明文の規定に違反するとはいえないものであっても、適正性を欠くものがみられ、個人の権利利益の侵害につながることが懸念されるようになりました。

　例えば、官報に掲載される破産者情報を取得することは適法でしたが、これを集約してデータベース化し、「破産者マップ」としてインターネット上で公開する事案がありましたが、個人情報保護法の明文の規定に違反するわけではありません。このように、直ちに違法とまでは言えないとしても、個人の権利利益の保護という法の目的に鑑み、看過できないような方法で個人情報が利用されている事例がみられたことを踏まえ、個人情報の適正な「利用」を求める旨を明確化したのです（「改正法に関連するガイドライン等の整備に向けた論点について（不適正利用の禁止）」個人情報保護委員会）。

　そのため19条の「違法又は不当な行為」とは、個人情報保護法その他の法令に違反する行為、及び直ちに違法とはいえないものの、個

人情報保護法その他の法令の制度趣旨又は公序良俗に反する等、社会通念上適正とは認められない行為をいいます。この「違法又は不当な行為」に該当するか否かは個別の事案ごとに判断されますが、必ずしも個人情報保護法に違反する行為や個人情報保護法に照らして不当と考えられる行為に限定されず、他の法令に違反する行為や他の法令に照らして不当と考えられる行為も含まれます（ガイドライン Q&A・3-1）。

2　不適正利用の例

　以上のように、違法又は不当な行為を助長し、又は誘発するおそれがある方法によって個人情報を利用することが禁止されることになりましたが、「おそれ」があるかは、個人情報取扱事業者による個人情報の利用が、違法又は不当な行為を助長又は誘発することについて、社会通念上蓋然性が認められるか否かにより判断されます（ガイドライン（通則編））。

　実際どのようなケースが「違法又は不当な行為を助長し、又は誘発するおそれがある方法によって個人情報を利用すること」になるかですが、この規定は、「相当程度悪質なケース」を想定しています（「個人情報の保護に関する法律等の一部を改正する法律について」個人情報保護委員会）。

　ガイドライン（通則編）では、以下のような例が挙げられています。

> 事例1）　違法な行為を営むことが疑われる事業者（例：貸金業登録を行っていない貸金業者等）からの突然の接触による本人の平穏な生活を送る権利の侵害等、当該事業者の違法な行為を助長するおそれが想定されるにもかかわらず、当該事業者に当該本人の個人情報

を提供する場合

事例2） 裁判所による公告等により散在的に公開されている個人情報（例：官報に掲載される破産者情報）を、当該個人情報に係る本人に対する違法な差別が、不特定多数の者によって誘発されるおそれがあることが予見できるにもかかわらず、それを集約してデータベース化し、インターネット上で公開する場合

事例3） 暴力団員により行われる暴力的要求行為等の不当な行為や総会屋による不当な要求を助長し、又は誘発するおそれが予見できるにもかかわらず、事業者間で共有している暴力団員等に該当する人物を本人とする個人情報や、不当要求による被害を防止するために必要な業務を行う各事業者の責任者の名簿等を、みだりに開示し、又は暴力団等に対しその存在を明らかにする場合

事例4） 個人情報を提供した場合、提供先において法第27条第1項（第三者提供の制限の原則）に違反する第三者提供がなされることを予見できるにもかかわらず、当該提供先に対して、個人情報を提供する場合

事例5） 採用選考を通じて個人情報を取得した事業者が、性別、国籍等の特定の属性のみにより、正当な理由なく本人に対する違法な差別的取扱いを行うために、個人情報を利用する場合

事例6） 広告配信を行っている事業者が、第三者から広告配信依頼を受けた商品が違法薬物等の違法な商品であることが予見できるにもかかわらず、当該商品の広告配信のために、自社で取得した個人情報を利用する場合

3 何が「違法又は不当な行為」を助長し、又は誘発するおそれがあるのか

問題となるのは、「違法又は不当な行為」を助長し、又は誘発する

おそれがあるのか否かの判断です。前記のとおり、「おそれ」の有無は、個人情報取扱事業者による個人情報の利用が、違法又は不当な行為を助長又は誘発することについて、社会通念上蓋然性が認められるか否かにより判断される、とはいっても、その判断が困難な場合も想定されます。

　個人情報保護委員会は、事業者からの個別の相談にも対応する等、事業者の萎縮を招かないよう、適切に周知・広報を行う予定としているほか、この規定に違反する行為を行ったとしても、原則、まずは同委員会による指導・勧告が行われ、さらに勧告に応じなかった場合には同委員会による命令が行われることになり、その上で、当該事業者が命令に違反した場合に初めて罰則が適用されるため、不意打ち的に事業者に罰則が適用されることはない、と説明しています（一問一答令和２年改正・Q29)。

4-2

不適正な利用の判断

Q18 裁判所の公告情報をデータベース化して公開しようと思いますが、問題ありませんか？

A18 裁判所の公告情報をデータベース化して公開する場合、そこには個人情報が記載されている場合が多いと思われますので、公開することで違法又は不当な行為を助長し、又は誘発するおそれがあるときは、個人情報の不適正利用の禁止の規定に違反することになります。

また、その公告情報をデータベース化して公開する行為は、個人データの第三者提供に該当する可能性があり、第三者提供の制限（本書第6章参照）の規定に反しないかが問題となります。さらに、個人情報を含まない公告情報をデータベース化して公開する場合であっても、個人関連情報の第三者提供の制限（本書第8章）の規定に反しないかも注意する必要があります。

1 個人情報の不適正な利用の判断 ……………………………

19条では、個人情報取扱事業者は、違法又は不当な行為を助長し、又は誘発するおそれがある方法により個人情報を利用してはならないとされています。**4-1** でも述べたとおり、「違法又は不当な行為」とは、個人情報保護法その他の法令に違反する行為、及び直ちに違法と

はいえないものの、法令などの制度趣旨又は公序良俗に反する等、社会通念上適正とは認められない行為をいいます。

　具体的に問題となるのは、「違法又は不当な行為」を助長し、又は誘発するおそれがあるか否かの判断です。

　ガイドライン通則編では、「おそれ」の有無は、個人情報取扱事業者による個人情報の利用が、違法又は不当な行為を助長又は誘発することについて、社会通念上蓋然性が認められるか否かにより判断される、としています。

　「おそれ」の判断については、提供先が個人情報の取得目的を偽っていた等、提供元が、提供先による違法行為のおそれを一般的な注意力をもってしても予見できなかった場合にまで、違法行為を助長又は誘発する「おそれ」があったとして、個人情報の提供行為が不適正利用に該当すると評価されるとすれば、提供元の予測可能性を著しく害し、制度趣旨を超えた萎縮効果を与えかねないことが問題とされました（「改正法に関連するガイドライン等の整備に向けた論点について（不適正利用の禁止）」個人情報保護委員会）。そのため、「おそれ」の判断に当たっては、個人情報の利用方法等の客観的な事情に加えて、個人情報の利用時点における個人情報取扱事業者の認識及び予見可能性も踏まえる必要があります。例えば、個人情報取扱事業者が第三者に個人情報を提供した場合において、当該第三者が当該個人情報を違法な行為に用いた場合であっても、当該第三者が当該個人情報の取得目的を偽っていた等、当該個人情報の提供の時点において、提供した個人情報が違法に利用されることについて、当該個人情報取扱事業者が一般的な注意力をもってしても予見できない状況であった場合には、「おそれ」は認められないと解されています（ガイドライン（通則編））。このように、違法又は不当な行為を助長し、又は誘発する予見可能性があれば、19条の不適正利用に該当すると考えられます。

❷ 公告情報の公開が不適正利用にあたるか ……………

　裁判所の公告は、破産、再生等に関する情報を、官報に掲載することや裁判所内の閲覧室等で閲覧可能にすることにより、債権者などに広く事実を知らせるものです。

　例えば、官報には破産者情報が記載され、破産者の氏名・住所等の個人情報が掲載されますが、これをデータベース化し、「破産者マップ」としてインターネット上で公開する事案が問題とされました。破産者であるとの情報は、一般に個人情報の本人が公開を望まない情報であるとともに、住所も公開されることで不当な差別等が助長されるなど、本人のプライバシーなどを著しく害する行為であるためです。このように、直ちに違法とまでは言えないとしても、個人の権利利益の保護という法の目的に鑑み、看過できないような方法で個人情報が利用されている事例がみられたことから、個人情報の適正な「利用」を求める旨を明確化するために、新たに不適正な利用が禁止されることになったのです（「改正法に関連するガイドライン等の整備に向けた論点について（不適正利用の禁止）」個人情報保護委員会）。

　実際、ガイドライン通則編では、不適正な利用の例として以下のものを挙げています。

　裁判所による公告等により散在的に公開されている個人情報（例：官報に掲載される破産者情報）を、当該個人情報に係る本人に対する違法な差別が、不特定多数の者によって誘発されるおそれがあることが予見できるにもかかわらず、それを集約してデータベース化し、インターネット上で公開する場合

　このように、裁判所の公告を公開することで、違法又は不当な行為を助長又は誘発する蓋然性が認められる場合は19条の規定に反する

ことになります。

3 個人データや個人関連情報の第三者提供の問題 ……

　では、裁判所の公告（例えば、配当要求終期の公告など）で、物件目録が公告されている場合、その物件目録をデータベース化して公開する行為に問題はあるでしょうか。

　物件目録に氏名などが記載されている場合は当然、個人情報を公開することになりますから、前記 2 と同じ問題が生じます。また、氏名が記載されていない場合でも、その物件目録に記載されている情報から容易に個人が識別できる場合は個人情報に当たると考えられますから、やはり同じ問題が生じます。

　他方で、例えば不動産業者に不動産情報を提供するために物件目録を公開する場合など、違法又は不当な行為を助長又は誘発する蓋然性が認められないときは、今度は個人データを公開することになるので、個人データの第三者提供が問題となります（本書**第 6 章**参照）。個人データの第三者提供に当たる場合は、原則として本人の同意が必要となります（27 条 1 項）。また、個人データに該当しない場合であっても、物件目録についての情報は少なくとも個人関連情報に当たると考えられ、個人関連情報の第三者提供の制限（本書**第 8 章**）の規定に反しないかも注意する必要があります（31 条）。

　このように、裁判所の公告情報をデータベース化して公開する行為には、個人情報保護法上の問題が多く含まれるため、慎重に進める必要があるでしょう。

第5章

漏えい等の報告

漏えい等における報告・通知

Q19 個人データが漏えいしてしまった場合、事業者は何をしなければなりませんか。

A19 　個人情報保護委員会への報告と、本人への通知が必要となります。

1 個人情報保護委員会への報告

　これまで、個人データの漏えい等が発生した場合でも、個人情報保護法上は、個人情報保護委員会への報告は義務付けられておらず、「個人データの漏えい等の事案が発生した場合等の対応について」（平成29年個人情報保護委員会告示第1号）において、個人情報保護委員会に報告するよう努めると定められているにとどまりました。この告示は法律ではない上、努力義務にとどまっていましたので、個人データの漏えいがあったとしても、個人情報保護委員会に報告する法的義務はなく、実際、報告をしない例もありました。

　他方、令和2年改正法では、個人データの漏えい、滅失、毀損その他の個人データの安全の確保に係る事態であって個人の権利利益を害するおそれが大きいものとして個人情報保護委員会規則で定めるものが生じたときは、個人情報保護委員会へ報告しなければならないとして（26条1項）、報告を法律上義務付けました。これは、個人情報保

護委員会が報告を受け、速やかに事態を把握し、必要な措置を講ずることができるようにするという理由からです。

ここで、「個人情報保護委員会規則で定めるもの」とは、

① 要配慮個人情報が含まれる個人データの漏えい等が発生し、又は発生したおそれがある事態

② 不正に利用されることにより財産的被害が生じるおそれがある個人データの漏えい等が発生し、又は発生したおそれがある事態

③ 不正の目的をもって行われたおそれがある個人データの漏えい等が発生し、又は発生したおそれがある事態

④ 個人データに係る本人の数が 1,000 人を超える漏えい等が発生し、又は発生したおそれがある事態

とされています（規則 7 条）。

②は、例えば、クレジットカード番号を含む個人データが漏えい等したような場合をいいます。③は、例えば、不正アクセスやランサムウェア攻撃を受けた場合とか、従業員が不正に個人データを持ち出した場合などです。

上記①〜④いずれも、漏えい等が発生した場合のみならず、発生したおそれがある場合も含まれていることに注意が必要です。また、①〜③の場合は、個人の権利利益を害するおそれが大きいことから、1 人分の個人データが漏えい等した場合であっても報告義務があります。

なお、上記①〜④のケースには該当せず、法律上の報告義務がない場合であっても、個人情報保護委員会に任意の報告を行うことは可能とされています（ガイドライン（通則編））。

2 本人への通知

これまで、個人データの漏えい等が発生した場合でも、個人情報保護法上は、本人への通知は義務付けられておらず、実際に、本人に通

知しない例が多くみられました。その結果、本人は漏えい等の事実を知らないことから何の対応もせず、本人が知らない間に二次被害に遭うといったケースがありました。例えば、事業者からクレジットカード情報が漏えいした場合、すぐにクレジットカードの利用を停止させる必要がありますが、事業者が本人に通知しなければ、本人はクレジットカードを停止させなければならない事態が生じているとは思いませんので、その結果、クレジットカードが悪用されてしまうのです。

　そこで、令和2年改正法では、本人に対して通知することも義務付けました（26条2項）。

　したがって、事業者は、個人情報保護委員会への報告とともに、本人への通知も行わなければなりません。

　ただし、個人データの中に本人の連絡先が含まれていない場合や、個人データが古くて連絡しようと思っても連絡できない場合などで、本人に通知できないこともあるでしょう。このように、本人に通知するのが困難な場合で、本人の権利利益を保護するために必要な通知に代わるべき措置をとるときは、本人に通知をしなくてもよいとされています（26条2項ただし書）。この点については後述します。

Q20 顧客情報が入った USB メモリーを社内で保管していたのですが、見つかりません。これは、「滅失」でしょうか、それとも「漏えい」でしょうか？また、社内といっても、外部の人が立ち入る場所でなくなった場合は、「漏えい」でしょうか？

A20 社内で紛失したのであれば「滅失」に当たるでしょう。ただし、外部の人が立ち入る場所であるとか、持ち出しが否定できない場合は、「漏えい」に当たると考えるべきでしょう。

1　漏えい、滅失、毀損とは

　個人データが漏えい等した場合、事業者は、個人情報保護委員会への報告及び本人への通知をしなければなりませんが、報告・通知が必要な漏えい、滅失、毀損とはそれぞれどのような場合をいうのでしょうか。

　ガイドライン（通則編）によると、「漏えい」とは個人データが外部に流出すること、「滅失」とは個人データの内容が失われること、「毀損」とは個人データの内容が意図しない形で変更されることや、内容を保ちつつも利用不能な状態となることをいうとされています。したがって、個人データが事業所の外に出る必要はなく、事業所内であっても、誤って削除してしまったり、紛失してどこにいったのかわからなくなったような場合は滅失となります。また、ランサムウェアの攻撃によりデータが復元できなくなったような場合は毀損となります。

2　本設問の場合

　本設問では、社内で保管していた USB メモリーが見つからないということですから、事業所内で紛失し、どこにいったのかわからなくなったものといえます。したがって、このケースは「滅失」に当たります。

　もっとも、外部の人が立ち入ることができる場所であれば、外部の人による持ち出しの可能性もあります。このように紛失した場所が社内か社外か特定できない場合は「漏えい」に当たると考えるべきでしょう。

　なお、本設問のように、漏えい等が発生したのかどうかすらわからないような、事実関係が必ずしもはっきりしないケースも考えられま

す。しかしながら、前述のとおり、報告が必要なケースとして、26条及び規則 7 条では、漏えい等が発生した「おそれ」がある事態も、報告・通知の対象としています。したがって、事実関係がはっきりしないケースであっても、報告・通知を行う必要があります。

Q21 20 万件の個人データ漏えいが発生し、本人に対し電子メールを送信してその旨通知したのですが、そのうち 5 万件に通知メールが届きませんでした。このような場合でも、個人情報保護法上の義務違反となるのでしょうか。

A21　本人に通知することが原則ですが、通知が困難な場合で、これに代わるべき措置をとっているときは、通知義務違反にはなりません。ただし、個人データの正確性等の確保義務に反している可能性があります。

1　通知義務

　26 条 2 項では、事業者に対し、漏えい等の事態が生じたときは、本人への通知をすることを義務付けています。ここで「本人への通知」とは、本人に直接知らしめることをいい、事業の性質及び個人データの取扱状況に応じ、通知すべき内容が本人に認識させる合理的かつ適切な方法によらなければならないとされています（ガイドライン（通則編））。通知方法としては、電子メールを送信すること、郵便を送付することなどが考えられます。

　しかしながら、多くの顧客をかかえており、その結果、多くの個人データが漏えいした場合、本人に通知が届かないこともあり得ます。

　そこで、26条2項ただし書では、本人への通知が困難な場合であって、本人の権利利益を保護するため必要なこれに代わるべき措置（代替措置）をとるときは、本人への通知は不要としています。

　ここで、本人への通知が困難な場合とは、個人データの中に氏名は含まれているが、連絡先が含まれていない場合や、事業者が把握していた本人の連絡先が古いため、本人に連絡ができない場合などが考えられます。本設問のように、電子メールを送信したところ、その電子メールが届かなかった場合で、他に連絡先を知らないといったときも、本人への通知が困難な場合といえるでしょう。

　また、これ（本人への通知）に代わるべき措置（代替措置）とは、例えば自社ウェブページに公表する、テレビCMなどで呼びかけるなどが考えられます。このような場合、本人に通知する内容と同じ内容を公表等することになりますが、難しい場合は、問合せ窓口の連絡先を知らせ、この窓口まで連絡するよう呼びかけ、窓口に連絡してきた際に、本人に内容を通知するという方法もあり得るでしょう。

　このように、本人に直接通知できない場合でも、これに代わる措置がとられているときには、事業者としてなすべきことをしているということになり、通知義務違反にはなりません。

2　個人データの正確性等の確保義務 ·····························

　もっとも、22条では、事業者は、個人データを正確かつ最新の内容に保つよう努めなければならないとされています。個人データの漏えい等につき本人に通知しようとしても、電子メールが届かないということは、事業者が保有している個人データの情報が間違っていたということになります。

　したがって、このような場合は、個人データの正確性等の確保に反していることになります。

　ただし、この規定はあくまで「努めなければならない」とされ、い
わゆる努力義務規定です。そのため、22条に違反していたとしても、
個人情報保護委員会による勧告・命令の対象となるわけではありませ
ん（148条）。もっとも、だからといって、この正確性等を確保しな
くてよいというものではありません。ガイドライン（通則編）でも、
「努めなければならない」と記述している事項について、「これに従わ
なかったことをもって直ちに法違反と判断されることはない」が、
「法の基本理念（法第3条）を踏まえ、事業者の特性や規模に応じ可
能な限り対応することが望まれるものである」としています。

　したがって、事業者としても、定期的に、個人データの棚卸しを行
い、可能な限りの正確性等の確保に努めることが必要です。

5-2

漏えい等の報告先

Q22 個人データの漏えいが発生しましたが、どこに報告すればよいですか？

A22 原則として個人情報保護委員会に報告することになります。ただし、個人情報保護委員会が他の行政機関（所管大臣）に権限を委任している場合は、その事業範囲の事業者は、当該所管の府省庁に報告することになります。また、認定個人情報保護団体に加盟している事業者については、同団体を経由した報告となるのか現時点では明らかではないので、個人情報保護委員会へ報告することになるでしょう。

1 原則

　個人データ漏えい等が生じた場合、事業者は、個人情報保護委員会規則で定めるところにより、原則として個人情報保護委員会に報告することになります（26条1項）。

　個人情報保護委員会への報告については、オンラインでの報告が可能となっています（https://roueihoukoku.ppc.go.jp/?top=kojindata）。

2　権限の委任がある場合

　個人情報保護委員会は、26 条 1 項の報告を受ける権限などを、政令で定めるところにより、事務所管大臣に委任することができるとされています（150 条 1 項）。個人情報保護委員会は、150 条 1 項及び施行令 32 条 1 項の規定に従い、委任しようとする事務の範囲及び委任の期間を定めて、事業所管大臣に委任することになります。改正前の法令に基づくものですが、令和 3 年 4 月 1 日現在、「権限の委任を受ける事業所管大臣、委任しようとする事務の範囲、委任の期間及び報告の期間」（https://www.ppc.go.jp/files/pdf/210401_kengeninin.pdf）では、実際に、内閣総理大臣をはじめ、複数の大臣に対して委任がされています（なお、これについては、委任期間が令和 4 年 3 月 31 日までとなっていますので、それ以降は、新たに委任がなされるものと思われます。）

　さらに、「改正個人情報保護法に基づく権限の委任を行う業種等及び府省庁並びに当該業種等における漏えい等事案発生時の報告先【詳細版】」
（https://www.ppc.go.jp/files/pdf/180717_kengeninin_list_detail.pdf）
では、改正法に従い権限の委任を行う業種、漏えい等事案が発生した場合の報告先が示されています。

　したがって、該当する所管業種にかかる事業者は、該当する所管大臣に報告することとなります。

3　認定個人情報保護団体に加盟している場合

　特定の事業に関しては、事業者を支援し、自発的な取り組みを促進させる目的で、認定個人情報保護団体を作ることが認められており、各事業者の申請により加盟が認められています。

　また、改正前の告示である「個人データの漏えい等の事案が発生した場合等の対応について」（平成29年個人情報保護委員会告示第1号）では、「認定個人情報保護団体の対象事業者である個人情報取扱事業者は、当該認定個人情報保護団体に報告する。」と規定していました。

　しかし、令和2年改正法では、認定個人情報保護団体への報告については明記されていません。令和2年改正法では、この告示とは異なり、迅速な報告を確保すべく個人情報保護委員会への報告が義務付けられているとのことですが、認定個人情報保護団体経緯での報告を認めるかどうかについては、今後検討されることになるようです（一問一答令和2年改正・Q32）。

漏えい等対応ロードマップ

Q23 今回の法改正により、情報漏えいした場合のスケジュールはどのように変わりますか？

A23 　規則で定める事案が発生した場合は、時間制限が設けられました。個人情報保護委員会への報告は、速報と確報と区分され、速報については、事案発見後速やかに（概ね3〜5日以内）、確報については、事案発見から30日以内、不正の目的をもって行われたおそれがある場合などでは事案発見から60日以内にすることが必要です。また、本人への通知については、速やかに全員にすることが必要であり、事案発見後概ね3〜5日以内には通知すべきでしょう。このように時間制限は極めて厳しいことから、あらかじめBCP（事業継続計画）を作成して準備しておく必要があります。

1 法改正前の対応

　これまでは、個人データが漏えいした場合の対処方法について、法令の規定はなく、「個人データの漏えい等の事案が発生した場合等の対応について」（平成29年個人情報保護委員会告示第1号）という個人情報保護委員会の告示で定められているだけでした。

　この告示では、報告については、「速やかに報告するよう努める」（同3）となっており、報告義務はなく、努力義務として規定するに

とどめていました。したがって、必ずしも報告する必要はなく、実際、報告しない事業者も多数存在していました。

　また、再発防止措置なども「必要な措置を講ずることが望ましい」（同２）とされ、努力義務よりもさらに低い推奨のレベルにとどまっていました。

　報告までの時間的制限についても、法令やガイドラインにおいて規定されたものはなく、結局、「速やかに報告するよう努める」ものとして、事案発見から２〜３か月後、さらに調査委員会のような形で調査したときには、半年後に報告するというようなケースも稀ではありませんでした。むしろ、複雑な事案や真相解明が困難な事案では、外部の専門家を招聘して調査委員会が開かれることも多数ありましたので、通常でも数か月は要し、報告書ができるのが事案発見から３か月後というのはむしろ早い方でもありました。

　しかし、令和２年改正により、時間制限を設けて報告義務及び本人通知義務を法的義務とした結果、あらかじめ相当綿密な準備をしておくことが必要となりました。外部調査委員会を設置する場合も考慮して、その設計、段取り、被害想定などをBCP（事業継続計画）等で綿密に検討・準備しておくことが必要になります。漫然としたかたちでは到底対応できず、何も準備していないところで情報漏えいが発生すれば、より大きな事故になりかねません。

２ 令和２年改正法によって変わったスケジュール

　令和２年改正では、規則７条に規定されているような事態が発生した場合、個人情報保護委員会への報告が義務化された上に、速報と確報が求められることになりました（26条、規則８条及び９条）。

　速報については、事案発見から概ね３〜５日以内に個人情報保護委員会に報告する必要があります（ガイドライン（通則編））。さらに、

確報については、事案発見から30日以内、不正の目的をもって行われたおそれがある個人データの漏えい等が発生し、又は発生したおそれがある事態においては、事案発見から60日以内に個人情報保護委員会に報告する必要があります（規則8条2項）。

　また、令和2年改正では、当該事態が生じたことを本人に通知する義務も課されました。規則10条では「当該事態の状況に応じて速やかに」とのみ規定しており、時間制限を設けていませんが、ガイドライン（通則編）では、「個別の事案において、その時点で把握している事態の内容、通知を行うことで本人の権利利益が保護される蓋然性、本人への通知を行うことで生じる弊害等を勘案して判断する」とされています。いずれにせよ、個人情報保護委員会への報告と同様、3〜5日以内に通知すべきでしょう。

　以上のことから、事案発生からのスケジュールは、概ね以下の図のようになります。

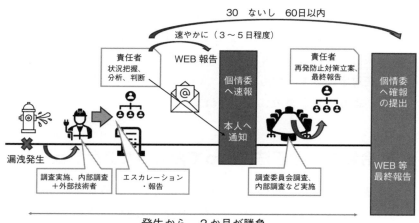

3 個人情報（個人データ）の適正な管理が前提 ……

(1) 個人情報の利用状況を常に監視し異常事態の発見を早期に実現する体制整備

　個人情報漏えいの発生を早期に発見し、漏えいの拡大を防ぐことが必須です。その意味でも、常時、個人情報の利用状況を監視・点検するということが重要になります。情報の棚卸しを行って、自社で保有している個人情報を点検するのと同時に、アクセスログの点検、異常事態検知のシステムの導入、入り口出口戦略の徹底などが必要です。

(2) 外部識者の招聘

　多数の個人情報を取り扱っている事業者においては、その取扱いが適正かについて定期的に審査し、いつでも緊急事態に対応できるように外部識者を招聘しておくことも有用です。

(3) BCP（事業継続計画）での対応を準備すること

　BCP（事業継続計画）に、事業に深刻な影響を与える事態として個人情報の漏えいを位置づけ、損害の推定や対応策の策定、事業復帰までの手続きを明確にしておくことが重要になります。また、BCPに従った訓練を定期的に行っておくことも必要です。BCPで定めることで、個人情報漏えい時においても、迅速な対応が可能となります。

漏えい対応の実務的問題点

Q24 本人への通知には、何を記載すべきでしょうか？

A24 漏えい等した事実又は漏えい等したおそれのある事実、漏えい等した情報項目、漏えい等の原因、二次被害に関する情報、その他参考情報として相談窓口の設置等を記載すべきです。

1 法的義務になった本人通知とは

　令和2年改正により、個人データの漏えい、滅失、毀損その他の個人データの安全の確保に係る事態であって個人の権利利益を害するおそれが大きいものとして個人情報保護委員会規則で定めるものが生じた場合の本人への通知義務が明記されました（26条2項）。本人に当該事態が生じた旨を知らせるとともに、二次被害が発生しないように警告を発することが重要ですが、それが法的義務となったのです。

　漏えいした個人データが、振り込め詐欺やオレオレ詐欺に利用されたり、漏えいした個人データの中にパスワードなどが含まれている場合においてそれを使い続ける危険などを本人に説明して、パスワードの変更を促す、クレジットカード番号の変更を求めるなど、本人への注意喚起が必要となります。

2　本人に通知すべき事項

本人に通知すべき事項については、以下のような事項が規則で定められています（規則 10 条、8 条 1 項）。

① 概要（1 号）
② 個人データ項目（2 号）
③ 原因（4 項）
④ 二次被害又はそのおそれの有無及びその内容（5 号）
⑤ その他参考となる事項（9 号）

これらは、事業者が個人情報保護委員会へ報告した事項の中から、個人の権利利益を守るために必要な事項に限定したものです。ただし、あまりに通知の内容が簡素ですと、かえって本人の不安をあおる結果ともなりかねないので、本人が納得できるような内容を通知すべきです。

具体的には、以下のような内容を通知すべきでしょう。

(1)　漏えい等した事実又は漏えい等したおそれのある事実

すでに漏えい等の事実が確認されている場合には、漏えい等の事実そのものを正確に知らせる必要があります。しかし、マルウェアなどによるシステムへの攻撃があった場合には、アクセスログ（不正なアクセスの記録）があるものの、どのようなデータへアクセスされ、持ち出されたかを、正確に判断できない場合もあります。アクセスできた範囲、閲覧可能であった範囲などから、漏えい等したおそれがあると判断できる場合には、その範囲がどの程度かを、本人に知らせる必要があります。

⑵　漏えいした情報項目

　氏名、住所などの漏えい等が生じたのか、パスワード、クレジットカード情報、センシティブな情報などが含まれるのか、いつからいつまでの情報か、本人に関連する情報の範囲はどこまでなのか、などを可能な限り正確に、本人に通知する必要があります。

⑶　漏えい等の原因

　漏えい等の原因は、再発防止対策の検討において重要な前提事実となることもあり、その概要を正確に検討し、本人に通知する必要があります。具体的には、従業者がテレワークで自宅作業するために持ち出した個人データを故意に流出されたとか、マルウェア等によるシステムに対する攻撃が行われセキュリティホールが狙われた、ウイルス感染によりデータが漏えいしたなどまで特定することが必要でしょう。

⑷　二次被害に関する情報

　漏えい等による被害を防止すべく緊急に実施した対応があれば、それを本人に通知して、過剰な不安や混乱を避ける必要があります。システムが狙われた場合には、それを一旦停止させるという選択もあります。顧客名簿などが持ち出され、第三者に転売されたような場合には、転売先（入手先）と交渉して顧客名簿を買い取り、回収するといった対策がとられることもあります。

　漏えい等したか、又はそのおそれがある場合に、今後発生する可能性のある二次被害について、事業者は想定する必要があります。犯人は漏えい等した個人データを悪用するわけですから、どのように使われる危険があるかを本人に説明して、注意喚起する必要があります。

　被害対応として、パスワードの変更、クレジットカード番号の変更などの提案を行うこともあり、クレジットカード番号変更の場合には一定の被害弁償が必要となることも想定します。

(5)　その他参考情報として相談窓口の設置等

　オンラインでの相談を受け付けるためのメールアドレス等、電話による相談を受け付けるための電話番号、又はファックス番号などを本人に通知しておく必要があります。この場合、ただ単に相談窓口を設置するのではなく、あらかじめ本人から聞かれるであろう想定問答を用意して、的確に回答できるように準備します。事実を正確に伝えるとともに、対応策を明確にして、本人からの被害申告については事実に基づく客観的なものを提示してもらうように、内部的に確認するなどの事前準備が必要になります。

3　本人通知で想定されること

　漏えい等が発生した場合において、本人への通知をすると、通常、通知したときから問合せが殺到します。数日間は相談窓口への問合せが多数来ることになります。その多くは自分の情報が漏れているか、どんな対応が必要か、賠償はしてくれるのかといった内容になります。本人への通知で、すでに伝えてある内容であったとしても、その内容を再確認するような問合せがほとんどです。

　注意すべきことは、お詫びはするが、安易に損害賠償の約束はしないということです。

　情報漏えい等の場合、その漏えい等と因果関係のある被害というものの確定は、実は相当に困難なのです。漏えい等した直後の被害の発生はないともいわれています。犯人が個人データを取得したとして、すぐに個人データの本人宛にメールを送信する、クレジットカードを利用するなどのアクションに出てしまうと、犯人の割り出しが容易になるということもあり、半年前後経ってから漏えい等した個人データを利用して犯行が始まるともいわれています。ただ、漏えい等した個人データと他の情報とを混合して利用することも想定され、当該漏え

い等との因果関係を把握するのは極めて困難なのです。別の事業者からの漏えい等が原因であるかもしれないのです。

　したがって、事業者としては、丁寧にお詫びしたいからといって、証拠もないのに安易に損害賠償を請け負うのは危険なのです。一部の人に対して、証拠もなく安易に損害賠償をしてしまえば、他のすべての人に損害賠償せざるを得なくなり、膨大な経済的負担を負うことになります。

　ただし、パスワードの変更や、特にクレジットカード番号の変更手続きが必要な場合などにおいては、その手続きをすることに時間がかかり煩瑣であることもあり、本人に一定の時間・手間をかけてもらうようお願いせざるを得ないときもあります。その場合、そうした手続きのための対価として、一定額の支払いや、手続きにかかった時間の申告をいただいて、時間当たりの対価（平均賃金などをもとに算出）を決めてお支払いするという方法もあります。

Q25 個人情報保護委員会への報告の確報は、何をどこまで記載すべきですか？　速報との違いは何ですか？

A25　確報とは、調査結果などを踏まえて、漏えい等の事故の全貌を正確に伝えることであり、その際、再発防止対策及び被害者救済の状況についても説明する必要があります。このように確報は、結果報告としての意味を有するのに対し、速報は、原因や影響などが不確定な段階でのひとまずの発生報告であるといった違いがあります。

1　速報と確報の違い

　令和2年改正では、漏えい等が生じた場合、事業者は、個人情報保護委員会へ報告することが義務付けられました。この報告には、速報（規則8条1項）と、確報（規則8条2項）があります。速報とは、漏えい等の事態を知った後、速やかに行うもので、いわば、発生報告です。他方、確報とは、漏えい等の事態を知った日から30日以内（不正アクセス等を原因とする場合は60日以内）に行うもので、いわば最終結果報告です。

　まず、速報は、個人情報保護委員会のウェブページに雛形があるので、必要箇所を埋めて、個人情報保護委員会のウェブページから報告できるようになっています。個人情報保護委員会のウェブページ「個人情報保護法等」のタグから、「漏えい等の対応」を選び、「『漏えい

（個人情報保護委員会 HP「漏えい等の報告」より）

等の報告』はこちら」から申告できます。

　他方、確報（現在は続報とされています。）は、調査結果を踏まえ、文書等で正確な被害発生状況の説明、再発防止対策について記載する必要があり、経営者の約束、宣言をも含むものとなります。確報については、特定の書式などはなく、各事業者において適宜作成します。

2　確報では具体的に何を記載すべきか

　確報においても速報と同じ事項の報告が必要となりますが、初動に行った速報を踏まえて、後の調査で判明した事実、確報までに発生した被害状況、再発防止対策という順番で記載することになります。概ね次の章立てになるでしょう。

(1)　漏えい等の発生から事実の把握まで

　端緒（最初の異変の連絡など）から、確認・調査の実施、漏えい等の可能性の検討、アクセスログの分析で分かったこと、漏えい等が発生したと判断した理由、又は漏えい等が発生したことが前提の場合には漏えい等したデータの出どころの調査結果、漏えい等の経路、漏えい等の規模、被害発生の有無、被害件数など、事実経過がまず整理されなければなりません。

(2)　漏えい等の原因の特定

　漏えい等が内部犯行によるものと判断した場合には、どのような手口の犯行であったのか、それがなぜ防げなかったのか、内部統制上の問題、内部監査の結果、従業者監督の実態などの分析が必要となります。

　漏えい等が外部からの攻撃やウイルス感染の場合には、攻撃内容の分析、ウイルス対策ソフト導入や対策設定の状況、脆弱性のあったシ

ステムの分析、脆弱性を未然に発見できなかった理由、システム監査の実施の有無及びシステム監査している場合はその監査結果、外部機関による指摘など、技術的問題を明確にすることになります。ただし、あまり詳細に記載してしまうと、かえってセキュリテイ上問題となることもあるので、あくまでも問題の核心が把握できる程度に、概要としてまとめておくのがよいでしょう。

⑶　**被害状況**

　被害状況としては、漏えい等した件数（人数）、漏えい等が疑われる件数（人数）、漏えい等したデータ項目、漏えい等した情報の属するグループや特性などを記載することになります。

　特に個人データの漏えい等では、漏えい等したデータ項目によって、被害状況がまったく異なってきます。要配慮個人情報やセンシティブ情報が漏えい等した場合には、深刻な二次被害が発生する危険性があるので、特に注意が必要です。また、これまでにわかっている被害を正確に把握した上で、今後さらに、どういう被害が想定できるのかについても検討しておく必要があります。

　再発防止対策を策定する場合の前提として、発生原因の正確な把握が必要ですが、それとともに、被害の大小、深刻度が大きく影響します。重大な被害が想定される場合には、徹底した、幾重にもなる対策が求められることになります。

⑷　**再発防止対策**

　漏えい等の原因をもとに、その対策を検討します。システムなどの脆弱性が狙われた場合には、技術的安全管理措置が中心となる防止対策が必要です。また、システム全体のセキュリティに問題がある場合が多いので、そうしたシステムの監査、改善対応、常時監視の体制整備などの組織的安全管理措置も含めなければなりません。従業者によ

る持ち出しなどの場合であれば、個人情報の保管・管理方法、アクセス制御対応などの物理的安全管理措、及び従業者への教育・啓蒙、就業規則等にセキュリティ遵守規定を入れるなどの人的安全管理措置についても検討が必要となります。

② 30日以内に報告できない場合

　事業者は、確報について、漏えい等の事態を知った日から30日以内に、個人情報保護委員会へ報告しなければなりませんが、不正の目的をもって行われたおそれのある個人データの漏えい等が発生し、又は発したおそれがある事態については、60日以内となっています。

　もっとも、事案を把握するのが困難であったり、ヒアリングができずに調査が難航するような場合もあるでしょう。そのような場合には、期限前にあらかじめ個人情報保護委員会に連絡をして、遅れている理由や提出可能な時期を提示しておくべきでしょう。期限を無視した場合、個人情報保護委員会の勧告が出される危険もありますので注意しましょう。

Q26 個人データの漏えい件数が多いのですが、コールセンターは設置すべきですか？

A26 　個人データの漏えい件数が多い場合には、本人へ通知した後に、多数の本人から問合せが来ることも予想されます。可能であれば、コールセンターを設置することが望ましいでしょう。

1　コールセンターの設置は義務ではない

　個人データの漏えい等という事態が発生した場合、個人情報保護委員会への報告と本人への通知が必要となります（26条）。法律上は、この報告及び通知で足りるので、コールセンターを設置しなければならないわけではありません。コールセンターの設置は、むしろ、顧客の保護、顧客の不安の解消、新たな情報収集（被害発生の確認など）、顧客からの相談電話によって通常の業務遂行が阻害されないようにすることの必要性などを勘案して、事業者の判断で行うものとなります。また、コールセンター設置の期間、受付時間などについても、事業者の判断で決定して実施します。

2　Q&A の準備は必須

　コールセンターを設置する場合には、あらかじめ Q&A 集を作成しておく必要があります。その回答例をコールセンター事業者に提供して、担当者より本人に回答してもらいます。

　回答には、あいまいな表現や過剰に詫びるような内容は使わず、事実関係、発生原因、再発防止策を明確にして、冷静、丁寧に説明することがよいでしょう。

　当初予定した質問ではなく、Q&A 集にないケースや、損害賠償を請求するなどの困難な相談があった場合には、窓口の担当者から、回答のできる対策責任者へエスカレーションできる体制をとっておくことも必要です。

Q27 委託先が個人データを漏えいした場合、だれが個人情報保護委員会に報告すべきですか？

A27 委託元、委託先いずれも報告義務を負いますが、委託先が委託元へ通知した場合、委託先は個人情報保護委員会への報告義務を免除され、委託元が個人情報保護委員会へ報告することになります。

1 報告義務を負う者

26条1項では、個人情報取扱事業者は、その取り扱う個人データの漏えい等が生じたとき、個人情報保護委員会へ報告しなければならないとしていることから、個人データが漏えい等した場合、個人情報保護委員会への報告義務を負うのは、当該個人データを取り扱っている事業者です。個人データの委託をしている場合においては、委託先と委託元双方が個人データを取り扱っていることになることから、原則として、委託元と委託先の双方が報告する義務を負うことになります（ガイドライン（通則編））。また、この場合、委託元と委託先の連名で報告することもできるとされています（同）。

ただし、委託先が、委託元である個人情報取扱事業者又は行政機関等に対し、個人データの漏えい等の事態が発生したことを通知したときは、委託先は、個人情報保護委員会への報告が免除されます（26条1項ただし書）。

以上から、委託元、委託先いずれも個人情報保護委員会への報告義務を負うのが原則ですが、委託先が委託元に通知したときは、委託先は個人情報保護委員会への報告義務を免除され、委託元が報告しなければなりません。

❷　委託元への通知内容と時期 ···························

　委託先が委託元に対して、法26条1項ただし書に従った通知をする場合、

①　概要

②　個人データの項目

③　本人の数

④　原因

⑤　二次被害又はそのおそれの有無及びその内容

⑥　本人への対応の実施状況

⑦　公表の実施状況

⑧　再発防止のための措置

⑨　その他参考となる事項

を、委託先に通知しなければなりません（規則9条、8条1項）。もっとも、これらすべてを把握できないことも考えられることから、ガイドライン（通則編）では、「その時点で把握しているものを通知したときは、報告義務を免除される」とされています。したがって、委託先は、可能な限りの情報を委託元に通知することになります。

　また、この委託先から委託元への通知は、「速やかに」行われなければなりません（規則9条）。この「速やかに」について、ガイドライン（通則編）では、「『速やかに』の日数の目安については、個別の事案によるものの、委託先が当該事態の発生を知った時点から概ね3〜5日以内である」とされています。さらに、委託先から通知を受けた委託元は、通知を受けた時点で、個人データの漏えい等の事案を知ったことになりますので、速やかに、個人情報保護委員会への報告をしなければなりません。

Q28 個人データの開示請求について、間違えて、A の情報を B に、B の情報を C に、C の情報を D に開示してしまった場合は、個人データの漏えいになるのでしょうか。

A28 　個人データの漏えいに当たります。それぞれの漏えい件数が１件ですから、法令に規定する、個人情報保護委員会への報告及び本人への通知対象とはならないことが多いのですが、漏えいした個人データが要配慮個人情報である場合、財産損害が発生するおそれがある場合には、個人情報保護委員会への報告及び本人への通知が必要となります。

1 漏えいとは

　「漏えい」とは、個人データが外部に流出することをいい、ガイドライン（通則編）では、漏えいの具体的な事例として、「個人データが記載された書類を第三者に誤送付した場合」、「個人データを含むメールを第三者に誤送信した場合」などが挙げられています。したがって、誤って、ある人の個人データを、別の人に開示してしまった場合は、個人データの漏えいになりますので、本設問についても漏えいに当たるといえます。

2 漏えいしても、報告などが必要でない場合

　個人データの漏えい等により個人の権利利益を害するおそれが大きいものとして個人情報保護委員会規則で定めるものが生じたときは、事業者は、個人情報保護委員会への報告及び本人への通知をしなけれ

ばなりません。報告及び通知が必要な事態として、個人情報保護委員会規則では、

① 要配慮個人情報が含まれる個人データの漏えい等が発生し、又は発生したおそれがある事態

② 不正に利用されることにより財産的被害が生じるおそれがある個人データの漏えい等が発生し、又は発生したおそれがある事態

③ 不正の目的をもって行われたおそれがある個人データの漏えい等が発生し、又は発生したおそれがある事態

④ 個人データに係る本人の数が 1000 人を超える漏えい等が発生し、又は発生したおそれがある事態

を挙げています（規則 7 条）。

　本設問で漏えいした個人データに要配慮個人情報が含まれていなかったり、クレジットカード情報のような財産的損害が生じるおそれのある個人データが含まれていないような場合には、報告・通知は必要ありません。

第**6**章

第三者提供の制限

オプトアウトの規制強化

Q29 令和２年改正法で、オプトアウトに関する規制はどのように変更されたのですか？

A29 これまでも、本人に通知し、又は本人が容易に知り得る状態に置くとともに、個人情報保護委員会に届け出る必要がありましたが、その通知等すべき事項が追加されたとともに、オプトアウトによる第三者提供が禁止されるものとして、不正の手段により取得した個人データ、他の事業者からオプトアウトにより取得した個人データが追加されました。

1 オプトアウトとは

　事業者が第三者に個人データを提供する場合、原則として、本人の同意が必要です（27条１項）。しかしながら、例えば、表札等を調べて住宅地図を作成・販売するような事業者は、あらかじめ、すべての本人の同意を得ることは不可能ですので、必ず本人の同意を得なければならないとしてしまうと、ビジネスとして成り立ちません。そこで、本人の求めに応じて、個人データの第三者提供を停止することとしている場合であって、個人情報保護法で定める事項を、あらかじめ、本人に通知し、又は本人が容易に知り得る状態に置くとともに、個人情報保護委員会に届け出たときは、本人の同意なく第三者提供で

きることになっています（27条2項）。これがオプトアウトという制度です。

　オプトアウトを行うためには、以下の事項を、あらかじめ、本人に通知し、又は本人が容易に知り得る状態に置くとともに、個人情報保護委員会へ届け出る必要があります。

① 第三者提供を行う個人情報取扱事業者の氏名又は名称及び住所並びに法人代表者氏名
② 第三者への提供を利用目的とすること
③ 第三者に提供される個人データの項目
④ 第三者に提供される個人データの取得の方法
⑤ 第三者への提供の方法
⑥ 本人の求めに応じて当該本人が識別される個人データの第三者への提供を停止すること
⑦ 本人の求めを受け付ける方法
⑧ 第三者に提供される個人データの更新の方法
⑨ 個人データの第三者への提供を開始する予定日

　これまでは、上記②③⑤⑥⑦の事項について、本人に通知等することが求められていましたが、令和2年改正により、①④⑧⑨が追加されました（なお、⑧⑨は法27条2項8項を受けた規則11条4項に規定されています。）。①の氏名・住所等について、これまで⑦の本人の求めを受け付ける方法がありましたが、例えば、メールアドレスのみが記載されていたのでは、どの事業者によるものか必ずしも本人には明らかとならないことから、本人から事業者へのアクセスを可能にすべく追加されました。また、④の第三者に提供される個人データの取得の方法についてですが、取得元（取得源）と取得の方法が含まれるとされています。例えば、ウェブサイトの公開情報（取得元）を閲覧

することにより取得（取得の方法）といった表記になります。

2　オプトアウトによる第三者提供が 禁止されているケースとは

　これまでは、要配慮個人情報についてのみ、オプトアウトでの第三者提供が禁止されていたのですが、令和2年改正法では、要配慮個人情報のみならず、偽りその他不正の手段により取得した個人データ（20条1項）、他の事業者からオプトアウトにより提供された個人データについても、オプトアウトにより当該個人データを第三者提供することが禁止されました。オプトアウトにより提供された個人データを再度オプトアウトにより提供することを禁止したのは、名簿業者間で名簿の交換取引が行われており、オプトアウトによる第三者提供が繰り返され、誰の情報が誰に第三者提供されたのかということをトレースできないという実態があったからです。

　さらに、この不正の手段により取得されたり、オプトアウトにより提供された個人データについては、当該個人データの全部又は一部を複製・加工されたものについても、オプトアウトによる第三者提供が禁止されていますので注意が必要です。この具体例としては、「別の媒体や保存先に複製したデータ、元の個人データの一部の項目の順序を入れ替えたデータ、元の個人データの一部の項目を選択的に抽出したデータ等」（一問一答令和2年改正・Q39）が挙げられます。

　なお、利用目的の特定（17条1項）に関連して、「特定された当初の利用目的に、個人情報の第三者提供に関する事項が含まれていない場合は、第三者提供を行うと目的外利用となるため、オプトアウトによる第三者提供を行うことはできない」（ガイドライン（通則編））とされているので、注意が必要です。当初の利用目的に第三者提供に関する規定がない場合、オプトアウトによる第三者提供を行うと、この

27条2項違反となるとともに、17条違反にもなるということです。

　したがって、オプトアウトによる第三者提供が想定されている場合は、あらかじめ第三者提供を行うことを利用目的として特定し、個人情報取得の際に、この利用目的の公表等を行う必要があります。

オプトアウトが
可能かどうかの判断

Q30 小学生を対象とした学習塾で、塾が小学生から取得した親の年収データを、オプトアウトにより、まったく別法人の不動産会社に提供しても問題はないですか？

A30 令和2年改正法では、不正の手段により取得した個人データをオプトアウトにより第三者提供することを禁止していますので、不動産会社に親の年収データを提供することは違法となる可能性が高いでしょう。また、不正な手段による取得も禁止されていますので、この点でも違法となる可能性が高いです。

1 オプトアウトによる第三者提供

　事業者が第三者に個人データを提供する場合、原則として本人の同意が必要ですが（27条1項）、本人の求めに応じて、個人データの第三者提供を停止することとしている場合であって、個人情報保護法で定める事項を、あらかじめ、本人に通知し、又は本人が容易に知り得る状態に置くとともに、個人情報保護委員会に届け出たときは、本人の同意なく第三者提供できることになっています（27条2項）。これをオプトアウトといいます。

2 オプトアウトによる第三者提供が禁止されている場合 ……………………………

　令和2年改正により、要配慮個人情報のみならず、偽りその他不正の手段により取得した個人データ（20条1項）、他の事業者からオプトアウトにより提供された個人データについても、オプトアウトにより当該個人データを第三者提供することが禁止されました（27条2項ただし書）。

　本設問では、偽りその他不正の手段により取得したことになるのかが問題となります。

　20条1項は、「偽りその他不正の手段」と規定しており、法律違反に限定していません。したがって、具体的な法律に違反していなくても、社会通念上、一般的に不正・不適当であると考えられるものを含みます。そして、ガイドライン（通則編）では、事業者が不正の手段により個人情報を取得している事例として、「十分な判断能力を有していない子供や障害者から、取得状況から考えて関係のない家族の収入事情などの家族の個人情報を、家族の同意なく取得する場合」が挙げられています。

　本設問は、学習塾に通う小学生という、いまだ判断能力が十分とはいえない者から、学習塾の業務とはおよそ関係がなく、またむやみに他言することもない親の収入を聞き出しており、それを学習塾とは別法人で学習塾の業務とはまったく無関係の不動産の売買・賃貸等を業務とする不動産会社に提供しているというのですから、社会通念上不適当であることは明らかでしょう。他方、仮に、情報の提供先がサービサー（債権回収会社）であり、実際に、学習塾の学費を滞納しているような場合であれば、第三者提供の必要性は認められるかもしれませんが、それでも、判断能力が乏しい小学生から聞き出すという手段を考えると、小学生は物事の是非を的確に判断できるとは限らないこ

とから、やはり、社会通念上不適当であるとされる可能性が高いでしょう。

　したがって、本設問では、不正の手段により取得された個人データであり、これを第三者である不動産会社に対してオプトアウト方式で提供することは、27条2項ただし書に違反してできないということになります。

　また、本設問の学習塾は、20条1項（適正取得）違反にもなります。

　なお、20条1項は、「個人データ」のみならず、「個人情報」も含んでいる点に注意してください。適正取得の対象が個人情報となっているのは、このような不正の手段による取得は、いかなる場合においても認めるべきではないという理由からです。そのため、個人データではない個人情報の第三者提供にはオプトアウトの規制は及ばず27条2項違反にはなりませんが、20条1項（適正取得）には違反することになります。

3　情報提供先（不動産会社）の義務

　本設問の不動産会社は、第三者提供を受ける提供先となります。この場合、不動産会社は、第三者提供を受けるに際して、当該個人データの取得の経緯を確認しなければなりません（30条1項2号）。つまり、学習塾が親の収入という情報を取得した経緯を、不動産会社は確認しなければならないのです。この場合、提供元（本設問の学習塾）は、確認に係る事項を偽ってはならないとされています（30条2項）。

　そして、ガイドラインQ&A・Q4-3では、「相手方が不正の手段で個人情報を取得したことを知り又は容易に知り得ることができたにもかかわらず当該個人情報を取得すること」は20条1項に違反するおそれがあると指摘されています。

　したがって、不正の手段で親の年収情報を取得したことを不動産会

社が知っているか、容易に知り得ることができたのであれば、不正の手段による取得となり、20条1項違反となる可能性があります。通常、学習塾が親の年収情報を持っていることはあまりないでしょうから、不動産会社としては、なぜ学習塾が親の年収情報を持っているのか慎重に調べるべきです。したがって、本設問の不動産会社について、20条1項違反の可能性は極めて高いでしょう。

なお、学習塾から提供を受けた情報が個人データには該当しないものの個人情報であった場合、不動産会社は20条1項違反になる可能性がありますが、前述の確認義務（30条1項）は個人データに関する規制ですので、この確認義務は生じません。

このように、個人情報保護法は、事業者に各種義務を課していますが、個人情報と個人データでそれぞれ事業者が果たすべき義務が異なりますので注意が必要です。

オプトアウトの取扱い

Q31 オプトアウトで取得した個人データをオプトアウトで第三者に提供できますか？

A31 令和2年の改正により、オプトアウトで取得した個人データをオプトアウトで第三者に提供することはできないことになりました。オプトアウトで第三者提供を受けた情報を、さらに移転しようとするときは、あらためて本人に第三者提供の同意をとる原則に立ち戻ることになります。これは、個人データの転々流通を避けることから来ています。

1 改正前のオプトアウト規定による取得

27年改正法によるオプトアウト制度は、第三者に提供すること、本人の申し出があった場合には削除することを本人に対して通知するか、容易に知り得る状態にした上で、かつ、事前に個人情報保護委員会に届け出ておけば、第三者提供ができるというものです。この時点でも要配慮個人情報のオプトアウトによる提供は許されていませんでしたが、再提供については特段の規定はなく、また、ガイドラインでもその再提供には触れていませんでした。

したがって、令和2年改正法の施行前であれば、オプトアウトで取得した情報を、再度オプトアウトの手続きを経ることで、さらに他の

第三者に提供することも不可能ではなかったのです。

❷ 改正により厳しく制限された事項

　令和2年改正では次のような規定が追記されました。

　「要配慮個人情報又は第20条第1項の規定に違反して取得されたもの若しくは他の個人情報取扱事業者からこの項本文の規定により提供されたもの（その全部又は一部を複製し、又は加工したものを含む。）である場合は、この限りでない。」（27条2項ただし書）として、新たに、「他の個人情報取扱事業者からこの項本文の規定により提供されたもの」は含まれないことになりました。

　改正の結果、以前から禁止されていた要配慮個人情報のオプトアウト取得に加えて、情報提供元が、本人同意を得た情報ではなく、オプトアウト規定によって取得した情報である場合には、その情報はもはやオプトアウトの規定によって第三者提供することはできないという制限が付加されたのです。

　その結果「オプトアウトにより提供を受けた個人データをオプトアウトにより再提供することはできず、第三者に提供するに当たっては、法第27条第1項各号又は同条第5項各号に該当する場合以外は、必ずあらかじめ本人の同意を得る必要があるので、注意を要する。」（ガイドライン（通則編）　下線筆者）と明記され、本人の明確な同意が必要となりました。

第三者提供記録の開示

Q32 情報提供先との間に秘密保持契約を締結している場合でも、第三者提供記録を開示する必要がありますか？

A32 本人の請求により、第三者提供した記録を開示する必要がありますが、生命、身体又は財産等を害するおそれがある場合、事業者の業務の適正な実施に著しい支障を及ぼすおそれがある場合などがあれば、開示する必要はありません。秘密保持契約があるとしても、直ちにこの非開示事由には当たらず、多くの場合、開示しなければならないでしょう。

1 第三者提供記録の開示請求

事業者が<u>第三者提供した場合</u>、それが本人の同意を得ているときは、
① 本人の同意を得ている旨
② 第三者（提供先）の氏名又は名称及び住所並びに代表者氏名（不特定かつ多数の者に提供したときは、その旨）
③ 個人データによって識別される本人の氏名その他の本人を特定するに足りる事項
④ 個人データの項目
に関する記録を作成しなければなりません（29条1項、規則20条1

項2号）。

　また、オプトアウトにより第三者提供したときは、上記②〜④と、

　⑤　個人データを提供した年月日

に関する記録を作成しなければなりません（29条1項、規則20条1項1号）。

　他方、<u>第三者提供を受けた</u>事業者についても、本人の同意を得た上での提供のときは、

Ⅰ　本人の同意を得ている旨

Ⅱ　第三者（提供元）の氏名又は名称及び住所並びに代表者氏名

Ⅲ　第三者（提供元）による個人データの取得の経緯

Ⅳ　個人データによって識別される本人の氏名その他の本人を特定するに足りる事項

Ⅴ　個人データの項目

に関する記録を作成しなければなりません（30条3項、規則24条1項2号）。

　また、オプトアウトにより第三者提供を受けたときは、第三者提供を受けた事業者は、上記Ⅱ〜Ⅴと、

Ⅵ　個人データの提供を受けた年月日

Ⅶ　個人情報保護委員会により公表されていること

に関する記録を作成しなければなりません（30条3項、規則24条1項1号）。

　本人に対する物品や役務の提供に関連して個人データを第三者提供した場合、又は第三者提供を受けた場合、契約書等の書面をもって、この記録に代えることができます（規則19条3項、23条3項）。

　もっとも、これまで、本人は事業者に対し、当該本人が識別される保有個人データの開示を請求することができるとされてきましたが、上記第三者提供記録については開示の対象とはなっていませんでした。

　それが令和2年改正では、本人は、上記第三者提供記録の開示を請

求することができるようになりました（33条5項）。これは、本人が、自己の情報が第三者提供されたことを把握し、事業者に対する権利行使を容易にする目的で規定されたものです。

　ただし、個人データでない個人情報における第三者提供の場合などで、法令に基づくことなく事業者において任意に作成された記録は、この第三者提供記録には該当しませんので、事業者は開示する必要はありません。開示が必要な記録は、あくまで、法令上作成・開示義務のある記録に限られます。

2　秘密保持契約を締結している場合の対処 ……………

　それでは、第三者提供において、提供元と提供先との間で、情報提供に関して秘密保持契約を締結している場合でも、第三者提供記録を本人に開示しなければならないのでしょうか。ここで秘密保持契約とは、一方の秘密情報を他方に開示する場合において、その情報を秘密に保持するための取り決めです。したがって、秘密保持契約の対象となる情報は、原則として、契約当事者以外には開示されないことが求められます。

　前述のとおり、本人は、事業者に対し、第三者提供記録の開示を請求できることになりましたが、その存否が明らかになることにより公益その他の利益が害されるものとして政令で定めるものについては、そもそも第三者提供記録に当たらないとされています（33条5項括弧書、施行令11条）。また、第三者提供記録であっても、以下に該当する場合は、その全部又は一部を開示しないことができるとされています（33条5項が準用する33条2項）。

①　本人又は第三者の生命、身体又は財産その他の権利利益を害するおそれがある場合

②　当該個人情報取扱事業者の業務の適正な実施に著しい支障を及
　ぼすおそれがある場合
③　他の法令に違反することとなる場合

　秘密保持契約を締結している場合、主に上記①の「財産を害するお
それがある場合」、②の「業務の適正な実施に著しい支障を及ぼすお
それがある場合」といえるかが問題となります。
　①について、例えば、特許権とか営業秘密などの具体的な財産権侵
害のおそれがある必要があります。また、②についても、単なる支障
では足りず、「著しい」支障であることが必要です。ガイドライン
（通則編）でも、「他の事業者と取引関係があることが契約上秘密情報
とされている場合であっても、記録事項そのものを開示することにつ
いては、直ちにこれに該当するものではなく、個別具体的に判断する
必要がある」とされています。
　したがって、不開示事由はごく例外的な場合に限られ、安易にこの
規定を根拠として不開示とすることはできないでしょう。本設問のよ
うに、秘密保持契約が締結されているというだけでは、開示しなくて
よいということにはならず、営業秘密情報であり、事業に著しい支障
があることを事業者側が合理的に説明できるような場合などに限って
開示しないことが認められるでしょう。
　なお、第三者提供記録を本人に開示するに当たっては、法に規定さ
れている事項を開示すれば足り、それ以外の事項まで開示する必要は
ありません。ガイドライン（通則編）でも、「契約書の代替手段によ
る方法で記録を作成した場合には、当該契約書中、記録事項となって
いる事項を抽出した上で、本人が求める方法により開示すれば足り、
契約書そのものを開示する必要はない」とされています。
　したがって、広範囲に不必要な情報まで開示しないよう法令上も考
慮されているといえます。

個人データ第三者提供の実務的問題

Q33 子会社や関連会社に対しても脅迫行為がなされているとの理由でクレーマーの情報を子会社・関連会社と共有したいのですが、問題はありませんか?

A33 クレーマー名簿については保有個人データに該当せず、本人に対し開示等する必要はありません。また、それを子会社や関連会社と共有したり、子会社・関連会社に提供することは、本人の同意を得ることが困難であり、かつ会社の財産を守るため必要であることから、本人の同意なく可能です。

1 クレーマー名簿は保有個人データなのか

事業者において、クレーマー、総会屋、暴力団、会社ゴロといわれる者について集めた名簿が作成されることがあります。まず、このような名簿がどのような情報に属するかが問題となります。仮にこの名簿が保有個人データに該当するのであれば、クレーマー等本人の請求により、本人に開示しなければならず、また削除を求められれば削除しなければなりません。

このような不都合性から、法は、その存否が明らかとなることにより公益その他の利益が害されるものとして政令で定めるものについて

は、保有個人データから除外しています。そして、施行令5条では、
保有個人データから除外するものとして、

① 　本人又は第三者の生命、身体又は財産に危害が及ぶおそれがあ
　　るもの

② 　違法又は不当な行為を助長し、又は誘発するおそれがあるもの

③ 　国の安全が害されるおそれ、他国若しくは国際機関との信頼関
　　係が損なわれるおそれ又は他国もしくは国際機関との交渉上不利
　　益を被るおそれがあるもの

④ 　犯罪の予防、鎮圧又は捜査その他の公共の安全と秩序の維持に
　　支障が及ぶおそれがあるもの

が規定されています。

　クレーマーは、事業者の業務を意図的に妨害したり、不当要求を行
う者ですので、本設問のようなクレーマー名簿は、上記①や②に該当
するものと考えられます。したがって、クレーマー名簿は、そもそも
保有個人情報とはならないといえます。その結果、このクレーマー名
簿は、本人からの保有個人データの開示請求、削除請求などを受ける
ことのない情報（個人データ）ということになります。

2 　第三者提供の可否

　次に、第三者提供の可否については、第三者提供の制限の例外に当
たるかが問題となります。業務妨害行為の被害を受ける企業やその子
会社・関係会社間でクレーマー名簿を共有したり、子会社・関連会社
に提供したりして、クレーマーからの違法な接触を未然に防ぐなどの
必要性があります。

　27条1項2号では、「人の生命、身体又は財産の保護のために必要
がある場合であって、本人の同意を得ることが困難であるとき」は、
本人の同意なく第三者提供ができるとしています。ここで「人」とは

法人も含むとされており、事業者の財産保護のために必要があるといえますので、本設問のクレーマー名簿についても、本人の同意を得ることなく、子会社・関連会社との間で共有して活用することが可能となります。

　なお、同様の趣旨で、各県警察署や警視庁に照会すると、暴力団等の反社勢力の構成員であるか否かの情報について、事業者に提供されることになっています。

Q34 当社研究部門が顧客の動向調査と新商品開発のために大学の研究室と共同研究を行うことになりましたが、個人データを共有して研究してよいでしょか。

A34 企業の研究機関であっても、主として学術研究目的であれば、本人の同意なく、個人データを大学の研究室へ第三者提供したり、共同研究のために大学の研究室から個人データの提供を受けることができますが、学術研究目的で個人データを共同利用する場合の措置については、条文上不明確な点があります。他方、新商品開発が目的であれば、主として学術研究目的であるとはいえず、原則どおり、共同利用の規定に従い、一定の事項を、あらかじめ本人に通知するか、本人の知り得る状態に置くことが必要となります。

1　令和3年改正法で緩和されたもの

　令和3年改正法では、民間事業者を対象とした個人情報保護法、行政機関を対象とした行政機関個人情報保護法、独立行政法人等を対象とした独立行政法人個人情報保護法という別々に存在していた個人情

報保護法制を統一化するとともに、研究機関の個人情報の取扱規制を
大幅緩和して、研究活動を活発に行えるようにしました。

　具体的には、まず、事業者が学術研究機関等の場合で、個人情報を
学術研究の用に供する目的で取り扱う必要があるときや、学術研究機
関等に個人データを提供する場合であって、提供先の学術研究機関等
が個人データを学術研究目的で取り扱う必要があるときは、あらかじ
め本人の同意を得ないで、特定された利用目的の達成に必要な範囲を
超えて個人情報を取り扱ってはならないとする18条1項、事業者が
合併その他の事由により他の事業者から事業を承継することに伴って
個人情報を取得した場合、あらかじめ本人の同意を得ないで、承継前
における利用目的の達成に必要な範囲を超えて、個人情報を取り扱っ
てはならないとする18条2項の規定が適用されないことになりまし
た。この点、当該個人情報（個人データ）を取り扱う目的の一部が学
術研究目的である場合は、18条1項及び2項の適用除外となります
が、個人の権利利益を不当に侵害するおそれがある場合は18条1項
及び2項が適用されるとされています。

　また、要配慮個人情報を取得する際には、あらかじめ本人の同意を
得なければなりませんが、事業者が学術研究機関等の場合で、当該要
配慮個人情報を学術研究目的で取り扱う必要があるときや、学術研究
機関等から要配慮個人情報を取得する場合であって、当該配慮個人情
報を学術研究目的で取得する必要があるときは、本人の同意は不要と
なりました（20条2項）。

　さらに、第三者提供する際にも、原則として、あらかじめ本人の同
意を得ることが必要であるところ、事業者が学術研究機関等の場合
で、個人データの提供が学術研究の成果の公表又は教授のためやむを
得ないとき、事業者が学術研究機関等の場合で、個人データを学術研
究目的で提供する必要があるとき（ただし、提供元と提供先とが共同
して学術研究を行う場合に限る。）、第三者が学術研究機関等の場合

で、第三者が個人データを学術研究目的で取り扱う必要があるときは、本人の同意なく第三者提供できるとされました（27条1項5号〜7号）。

2 企業の研究部門は「学術研究機関」に該当するのか

　学術研究機関とは、大学や研究組織等をいうものと考えられますが、企業においても、各種研究の必要から、研究機関、研究組織を持つことがあります。この点、ガイドライン（通則編）によれば、「民間団体付属の研究機関等における研究活動についても、当該機関が学術研究を主たる目的とするものである場合には、『学術研究機関等』に該当する。一方で、当該機関が単に製品開発を目的としている場合は『学術研究を目的とする機関又は団体』には該当しないが、製品開発と学術研究の目的が併存している場合には、主たる目的により判断する。」としています。

　したがって、主たる目的が何かにより学術研究機関かどうかが決まります。

3 学術研究目的で共同利用の場合

　以上のことから、もっぱら「新商品開発」を目的とする場合には、原則どおり、本人の同意を得て第三者提供するか、共同利用する場合には、27条5項3号に従い、共同利用の手続きを踏む必要があります。

　では、主に学術研究目的で共同利用する場合はどうでしょうか。前述のとおり、27条1項では、個人データを第三者提供するには原則として本人同意を必要としていますが、例外的に各号に該当する場合には本人同意を不要としており、学術研究機関等が学術研究目的で個

人データを第三者に提供する場合（6号）、学術研究機関等である第三者が学術研究目的で個人データを取り扱う必要がある場合（7号）が例外として挙げられています。他方、27条5項3号では、共同利用について第三者提供の第三者には当たらないとしつつ、一定の事項を、あらかじめ本人に通知するか、本人が容易に知り得る状態に置くことを要求しています。ところが、この27条5項3号では、学術研究目的での共同利用については何も規定していません。

　なお、27条1項6号では、同号が適用されるのは「共同して学術研究を行う場合に限る」としていますが、共同研究と共同利用は別概念であり、条文上明確に書き分けられていることからしても、共同利用についても27条1項6号を適用すると解することはできないとも思われます。しかしながら、この27条1項6号の規定は共同利用を念頭に置いたものであると指摘するものもあります。

　現状、共同利用を、事業者同士が相互に第三者提供し合うことととらえ、27条1項6号や7号を適用して、本人同意も共同利用の手続きも不要と考えることになるものと思われます。

第7章

外国にある第三者
への利用の制限

個人データ越境移転規制の内容

Q35 海外の事業者に個人データを提供する場合に新たな規制はありますか?

A35 外国にある第三者への個人データの提供時に、移転先事業者における個人情報の取扱いに関する本人への情報提供の充実のための制度が新設されました。例えば、外国にある事業者に個人データを提供する場合、外国にある事業者に個人データを提供することについての本人の同意が必要ですが、今回の改正では、この同意取得時に、移転先国の名称、移転先国における個人情報の保護に関する制度の有無などについて本人に情報提供することが義務づけられることになりました。

1 制度新設の経緯

　令和2年改正により、外国にある第三者への個人データの提供時に、移転先事業者における個人情報の取扱いに関する本人への情報提供の充実のための制度が新設されました。

　これまでは、個人情報取扱事業者が外国にある第三者に個人データを提供する場合（委託する場合を含みます。）、原則としてあらかじめ「外国にある第三者への提供を認める旨」の本人の同意を得なければならないこととされていましたが、どこの国にある事業者であるの

か、その国の個人情報保護制度がどのようなものなのかについての情報を提供することは求められていませんでした。しかし、近年一部の国において国家管理的規制がみられるなど、個人データの越境移転についてのリスクが変化し、自らの個人データの移転先の状況について十分に知らされていない点について、消費者から不満の声もみられました（一問一答令和2年改正・Q43）。こうした点から、事業者の負担も配慮しつつ、本人への情報提供を通じた最低限の留意を求めたのが、新設された制度です。

2　本人への情報提供が求められる場合

個人情報取扱事業者が外国にある第三者に個人データを提供することが許されるのは、原則として以下の場合です。

① 　あらかじめ「外国にある第三者への個人データの提供を認める旨の本人の同意」を得ること（28条1項）
② 　第三者が、個人情報取扱事業者が講ずべき措置に相当する措置を継続的に講ずるために必要な体制として規則で定める基準に適合する体制を整備している場合（規則16条）
③ 　第三者が、我が国と同等の水準にあると認められる個人情報保護制度を有している国として個人情報の保護に関する法律施行規則で定める国にあること（規則15条）

上記③は、欧州委員会による日本への十分性認定（GDPR45条）に併せて、EUと英国が指定されており、現時点では、EUと英国にある第三者へ個人データを提供する場合のことです。

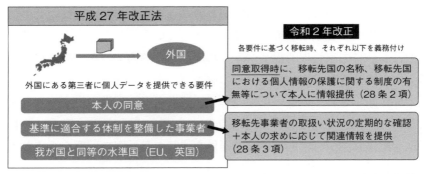

（個人情報保護委員会が作成した図を参考に作成）

　新設された制度は、前記①と②の場合について、第三者における個人情報の取扱いに関する本人への情報提供を求めるものです。

3　求められる情報提供の内容

⑴　本人の同意によって外国にある第三者に提供する場合

　本人の同意によって、外国にある事業者に個人データを提供する場合、同意取得時に以下の情報を提供する必要があります（規則 17 条 2 項）。

---

①　当該外国の名称
②　適切かつ合理的な方法により得られた当該外国における個人情報の保護に関する制度に関する情報
③　当該第三者が講ずる個人情報の保護のための措置に関する情報

---

　②は提供先の国に着目したもので、「適切かつ合理的な方法により得られた当該外国における個人情報の保護に関する制度に関する情報」とは、提供先の外国にある第三者に対して照会したり、我が国又

は外国の行政機関等が公表している情報を確認するなどして得られた、提供先の第三者が所在する外国における個人情報の保護に関する制度と我が国の個人情報保護法との間の本質的な差異を本人が合理的に認識できる情報のことです（ガイドライン（外国にある第三者提供編））。OECD プライバシーガイドライン 8 原則に対応する事業者の義務または本人の権利が不存在である場合については、その内容について本人に情報提供しなければなりません。

　③は提供先の事業者に着目したもので、「当該第三者が講ずる個人情報の保護のための措置に関する情報」とは、提供先の第三者が講ずる個人情報の保護のための措置と我が国の個人情報保護法により個人データの取扱いについて個人情報取扱事業者に求められる措置との間の本質的な差異を本人が合理的に認識できる情報のことをいいます（ガイドライン（外国にある第三者提供編））。提供先の事業者において、OECD プライバシーガイドライン 8 原則に対応する措置を講じていない場合には、講じていない措置の内容について、本人が合理的に認識できる情報が提供されなければならないとされています。

(2)　基準に適合する体制を整備している事業者に提供する場合

　基準に適合する体制を整備している事業者に提供する場合とは、個人データの取扱いについて、適切かつ合理的な方法によって、我が国の個人情報保護法（第 4 章第 2 節）の規定の趣旨に沿った措置の実施が確保されている事業者（規則 16 条 1 号）、あるいは、アジア太平洋経済協力（APEC）の越境プライバシールール（CBPR）システムの認証など国際的な枠組みに基づく認定を受けている事業者（規則 16 条 2 号）に個人データを提供する場合のことです。

　この場合においては、①当該第三者による相当措置（個人データの取扱いについて個人情報保護法（第 4 章第 2 節）の規定により個人情報取扱事業者が講ずべきこととされている措置に相当する措置）の継

続的な実施を確保するために必要な措置を講じ、②本人の求めに応じ
て当該必要な措置に関する情報を当該本人に提供する必要があります
（28 条 3 項）。

本人への情報提供

Q36 外国の個人情報保護制度はどうやって把握すれば よいですか？

A36 外国の事業者に個人データを提供する事業者は、提供先の外国の事業者に尋ねるなどして、その外国の個人情報保護制度を自ら把握することが求められています。一方で、個人情報保護委員会は、外国の個人情報の保護に関する制度の有無や、当該制度の概要など、事業者の参考となるべき情報を取りまとめ公表する予定です。

1 本人に提供すべき「外国における個人情報の保護に関する制度に関する情報」

外国にある事業者に個人データを提供する場合、外国にある事業者に個人データを提供することについての本人の同意を取得する際に、移転先国の名称のほかに、「適切かつ合理的な方法により得られた当該外国における個人情報の保護に関する制度に関する情報」を本人に提供しなければなりません（28条2項、規則17条2項2号）。

(1) 「適切かつ合理的な方法」

「当該外国における個人情報の保護に関する制度に関する情報」は、一般的な注意力をもって適切かつ合理的な方法により確認したも

のでなければならないとされ、提供先の外国にある第三者に対して照会する方法や我が国や外国の行政機関等が公表している情報を確認する方法などが考えられます（ガイドライン（外国にある第三者提供編））。

(2)　「当該外国における個人情報の保護に関する制度に関する情報」

　　個人データの越境移転に伴うリスクについて、本人の予測可能性を高めるという制度趣旨から、「当該外国における個人情報の保護に関する制度に関する情報」は、提供先の事業者が所在する外国における個人情報の保護に関する制度と我が国の個人情報保護法との間の本質的な差異を本人が合理的に認識できる情報でなければならないとされています。

　　そして、その情報の内容は、㋐当該外国における個人情報の保護に関する制度の有無、㋑当該外国の個人情報の保護に関する制度についての指標となり得る情報の存在、㋒OECD プライバシーガイドライン 8 原則に対応する事業者の義務又は本人の権利の不存在、㋓その他本人の権利利益に重大な影響を及ぼす可能性のある制度の存在、これらの観点を踏まえる必要があるとされています（ガイドライン（外国にある第三者提供編））。

2　事業者の情報提供についての負担

　　外国にある事業者に個人データを提供する事業者は、前記(1)でも述べたように、提供先の外国の事業者に対して尋ねるか、事業者のある外国の行政機関等が公表している情報を確認することにより、外国の個人情報の保護に関する制度を把握する必要があります。

　　この本人への情報提供について、個人情報保護委員会は、「当該個人情報の取扱いについて本人の予見可能性を高めることが趣旨である

ことから、その範囲で必要最低限のものとし、網羅的なものである必要性はありません。」として、事業者にとって過度な負担を課すものではないとの見解です（一問一答令和2年改正・Q45）。また、個人情報保護委員会は、外国の個人情報の保護に関する制度の有無や、当該制度の概要など、事業者の参考となるべき情報を、改正法の施行までの間に、取りまとめ公表する予定とのことです（同47）。

Q37 個人データの越境移転に際して、外国の個人情報保護制度を不正確に本人に伝えた場合に罰則の適用はありますか？

A37 法律上、本人に提供すべき外国の個人情報保護制度の情報は、一般的な注意力をもって適切かつ合理的な方法により確認することが求められており、内容の真正性までは求められていないものと考えられます。外国の個人情報保護制度を不正確に本人に伝えた場合であっても直ちに個人データの越境移転の規律に違反したものとはいえません。罰則の適用も極めて例外的な場合と考えられます。

外国にある事業者に個人データを提供する場合、外国にある事業者に個人データを提供することについての本人の同意を取得する際に、移転先国の名称のほかに、外国の個人情報保護制度の情報を本人に提供する必要がありますが（28条2項、規則17条2項2号）、この情報は、一般的な注意力をもって適切かつ合理的な方法により確認したものでなければならないとされています（ガイドライン（外国にある第三者提供編））。したがって、外国の個人情報保護制度を不正確に本人に伝えた場合であっても、一般的な注意力をもって確認したものを伝えたのであれば、28条2項に違反したとはいえないと考えられます。

　個人情報保護委員会も「本人に提供する情報の内容については、一般的な注意力をもって確認すればよいものとし、真正性までは求めないものとする予定です。」としています（一問一答令和2年改正・Q46）。

　また、仮に、故意または重大な過失によって外国の個人情報保護制度を不正確に本人に伝えた場合であっても、原則として、個人情報保護委員会による指導・勧告が行われ、勧告に応じなかった場合には命令が行われることになり、その上で命令に反した場合に初めて罰則が適用されるため、直ちに罰則が適用されることにはなりません。

クラウドサービスの諸問題

Q38 サーバが外国にある日本のクラウドサービス事業者に個人データを提供する場合に越境移転規制の適用はありますか？

A38 日本に所在するサーバ運営事業者等のクラウドサービス事業者に個人データを提供する場合、そのサーバが外国にあったとしても、「外国にある第三者」への提供には該当しません。したがって、越境移転規制の適用はありません。

1 越境移転規制における「外国にある第三者」

「外国にある第三者」（28条1項）は、提供先の第三者が個人データを保存するサーバが所在する場所ではなく、現に提供先の第三者が所在する場所で判断されます。したがって、サーバが外国にあったとしても、事業者が日本に所在している以上は、越境移転規制の適用はありません。

例えば、日本企業が、同企業の外国の法人格を取得している現地子会社に個人データを提供する場合には、その日本企業にとって「外国にある第三者」への個人データの提供に該当します。現地の事業所、支店など同一法人格内での個人データの移動の場合には「外国にある第三者」への個人データの提供には該当しません。他方で、外資系企

業の日本法人が外国にある親会社に個人データを提供する場合、その親会社は「外国にある第三者」に該当します（ガイドライン（外国にある第三者提供編））。このように、サーバの場所ではなく、法人が所在する場所が、基本的に、越境移転の規制の判断の基準となります。

　また、外国の法令に準拠して設立され外国に住所を有する外国法人であっても、日本国内に事務所を設置している場合や日本国内で事業活動を行っている場合など、日本国内で「個人情報データベース等」を事業の用に供していると認められるときは、その外国法人は、「外国にある第三者」には該当しないと考えられています（ガイドライン（外国にある第三者提供編））。

2　サーバがある国の情報提供の要否

　仮に外国であるＡ国に所在するクラウドサービス事業者に個人データを提供し、このクラウドサービス事業者が外国であるＢ国にサーバを設置して個人データを保管している場合はどうなるでしょうか。

　前記のとおり、サーバの場所ではなく、法人が所在する場所が、基本的に、越境移転の規制の判断の基準となるので、外国であるＡ国の事業者に個人データを提供する以上、個人データの越境移転の規制の適用があります。そして、本人の同意を取得する際に、移転先国であるＡ国の名称のほかに、Ａ国の個人情報保護制度の情報を本人に提供する必要があります（28条2項、規則17条2項2号）。この場合、Ｂ国の名称やＢ国の個人情報保護制度の情報を本人に提供することは法律上必要ではありませんが、「提供先の第三者が所在する外国の名称に加え、当該第三者が個人データを取り扱うサーバの所在国についても情報提供することは、望ましい取組であると考えられます。」と個人情報保護委員会は説明しています（ガイドラインQ&A・12-11）。

3 クラウドサービス利用と保有個人データの公表事項との関係

　他方で、事業者が外国のクラウドサービスを単に「利用」する場合は、当該クラウドサービス事業者が個人データを利用することがなければ、個人データの外国にある第三者への「提供」とは考えられていません。したがって、越境移転の規制は適用されませんが、その事業者は、外国において個人データを取り扱うこととなるため、その外国の個人情報の保護に関する制度等を把握した上で、安全管理措置を講じる必要があります（32条1項4号・施行令10条1号）。

　また、「保有個人データの安全管理のために講じた措置」として、クラウドサービス提供事業者が所在する外国の名称及び個人データが保存されるサーバが所在する外国の名称を明らかにし、当該外国の制度等を把握した上で講じた措置の内容を本人の知り得る状態に置く必要があるとされています（ガイドラインQ&A・10-25）。（保有個人データの公表事項や安全管理措置については **2－2**、**2－4** を参照してください。）

Q39 サーバがどこにあるかわからない外国のクラウドサービス事業者に個人データを移転する場合は、本人への情報提供はどのように行えばよいですか？　個人データの処理のために単にクラウドサービスを利用する場合はどうですか？

A39 サーバの場所ではなく、移転先事業者が所在する場所が、越境移転の規制の判断の基準となるので、外国にある事業者に個人データを提供する場合は、提供先の事業者が所在する国の名称

のほかに、その国の個人情報保護制度の情報を本人に提供する必要が
あります。クラウドサービスの利用の場合は、越境移転の規制の適用
はありませんが、保有個人データの安全管理措置として、サーバが所
在する外国の名称に代えて、①サーバが所在する国を特定できない旨
及びその理由、及び、②本人に参考となるべき情報を本人の知り得る
状態に置く必要があります。

1　本人への情報提供の内容

　すでに述べたとおり、外国にある事業者に個人データを提供する場
合は、提供先の事業者が所在する国の名称のほかに、その国の個人情
報保護制度の情報を本人に提供する必要があります（28条2項、規
則17条2項2号）。

　本設例とは異なり、外国にある事業者がどこの国にあるかわからな
い場合はどうなるでしょうか。

　外国にある第三者への個人データの提供を認める旨の本人の同意を
取得しようとする時点において、提供先の事業者が所在する外国を特
定できない場合は、①特定できない旨及びその理由と②提供先の第三
者が所在する外国の名称に代わる本人に参考となるべき情報を本人に
提供しなければならないとされています（規則17条3項1号、2号）。

　ガイドライン（外国にある第三者提供編）では、提供先の事業者が
所在する外国を特定できない場合として以下の例を挙げています。

> 事例1）日本にある製薬会社が医薬品等の研究開発を行う場合におい
> 　　て、治験責任医師等が被験者への説明及び同意取得を行う時点で
> 　　は、最終的にどの国の審査当局等に承認申請するかが未確定であ
> 　　り、当該被験者の個人データを移転する外国を特定できない場合
> 事例2）日本にある保険会社が保険引受リスクの分散等の観点から外

国の再保険会社に再保険を行う場合において、日本にある保険会社による顧客からの保険引受及び同意取得の時点では、最終的にどの再保険会社に再保険を行うかが未確定であり、当該顧客の個人データを移転する外国を特定できない場合

② クラウドサービスの利用である場合

　設例とは異なり、個人データの利用・保管に関し、単にクラウドサービスを利用する場合で、サーバの場所がわからない場合はどうなるでしょうか。事業者が外国のクラウドサービスを単に「利用」する場合は、当該クラウドサービス事業者が個人データを利用することがなければ、個人データの外国にある第三への「提供」とは考えられておらず、越境移転の規制は適用されないことはすでに述べました。

　他方で、「保有個人データの安全管理のために講じた措置」として、クラウドサービス提供事業者が所在する外国の名称及び個人データが保存されるサーバが所在する外国の名称を明らかにし、当該外国の制度等を把握した上で講じた措置の内容を本人の知り得る状態に置く必要があるとされていますが、サーバが所在する国が特定できない場合は、サーバが所在する外国の名称に代えて、①サーバが所在する国を特定できない旨及びその理由、及び、②本人に参考となるべき情報を本人の知り得る状態に置く必要があるとされています（Q-A・10-25）。（保有個人データの公表事項や安全管理措置については **2－2、2－4** を参照してください。）

第8章

個人関連情報の
第三者提供の制限

個人関連情報とは何か

Q 40 個人関連情報にはどのようなものが該当するのですか？

A 40 　個人関連情報は、生存する個人に関する情報であって、個人情報、仮名加工情報、匿名加工情報のいずれにも該当しないものです。例えば、Cookie 識別子を通じて収集されたウェブサイトの閲覧履歴、メールアドレスに結び付いた個人の年齢・性別・家族構成、個人の商品購買履歴・サービス利用履歴・個人の位置情報がこれに当たります。

1 個人関連情報とは

　「生存する個人に関する情報であって、個人情報、仮名加工情報及び匿名加工情報のいずれにも該当しないもの」をいいます（2条7項）。

　ある個人の身体、財産、職種、肩書等の属性に関して、事実、判断、評価を表すすべての情報のこといい、Cookie 等の端末識別子を通じて収集された個人のウェブサイトの閲覧履歴、メールアドレスに結び付いた個人の年齢・性別・家族構成、個人の商品購買履歴・サービス利用履歴・個人の位置情報がこれに当たります（ガイドライン（通則編））。

　他方で「個人に関する情報」のうち、氏名、生年月日といった記述

などにより特定の個人を識別することができるものは、個人情報に該当するため、個人関連情報には該当しません。例えば、一般的に、ある個人の位置情報それ自体のみでは個人情報には該当しないものですが、個人に関する位置情報が連続的に蓄積されるなどして特定の個人を識別することができる場合には、個人情報に該当し、個人関連情報には該当しないことになります。

【個人関連情報の例】（ガイドライン（通則編）で挙げられているもの）

・Cookie 等の端末識別子を通じて収集された、ある個人のウェブサイトの閲覧履歴

・メールアドレスに結び付いた、ある個人の年齢・性別・家族構成等

・ある個人の商品購買履歴・サービス利用履歴

・ある個人の位置情報

・ある個人の興味・関心を示す情報

2　個人関連情報の規制の導入の背景と規制の内容

　今回の改正で、提供先の事業者で個人データとなることが想定される個人関連情報の第三者提供について、本人の同意が得られていることを確認することが求められることになりました（31条1項）。

(1)　規制導入の背景

　この制度が導入された背景には、契約企業から Cookie 情報の提供を受け、就職情報提供サービスの情報と突合してブラウザや個人を特定し、内定辞退率のスコアを算出して契約企業に提供するというサービスが問題となったことがあります。形式的には個人データの第三者提供に当たらない場合でも、個人データの第三者提供の規制を脱法的に回避して、実質的に本人の権利利益を侵害することになるため、提

供元では個人データに該当しない情報であっても、提供先において個人データとなることが想定される情報の提供について、個人データの第三者提供の規制を導入することとしました。

(2)　規制の内容

　個人関連情報取扱事業者は、提供先の第三者が個人関連情報を個人データとして取得することが想定されるときは、原則として、あらかじめその個人関連情報についての本人の同意が得られていること等を確認しないで、その個人関連情報を提供することはできません（31条1項）。法令に基づく場合（27条1号）、人の生命、身体又は財産の保護のために必要がある場合であって、本人の同意を得ることが困難であるとき（2号）、公衆衛生の向上又は児童の健全な育成の推進のために特に必要がある場合であって、本人の同意を得ることが困難であるとき（3号）などの例外を除いて、本人の同意を得ないで個人関連情報を提供することは禁止されています。

　また、「提供先の第三者が個人関連情報を個人データとして取得することが想定されるとき」とは、提供元の個人関連情報取扱事業者において、提供先の第三者が個人データとして取得することを現に想定している場合、又は一般人の認識を基準として「個人データとして取得する」ことを通常想定できる場合をいいます（ガイドライン（通則編））。

　具体的には、提供元の個人関連情報取扱事業者において、第三者となる提供先の事業者から、事前に「個人関連情報を受領した後に他の情報と照合して個人データとする」旨を告げられている場合、提供先の第三者から告げられていなくても、当該第三者との取引状況等の客観的事情に照らし、一般人の認識を基準とすれば、当該第三者によって個人データとして取得することが想定できる場合が考えられます（一問一答令和2年改正・Q54）。

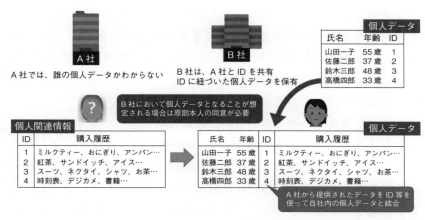

（個人情報保護委員会資料を基に作成）

Q41 個人関連情報を提供する事業者との間で「個人データとして取得しない」という契約があっても提供先の事業者に本人の同意を確認する必要がありますか？

A41 通常は「個人データとして取得する」ことが想定されないので、提供先の事業者に本人の同意を確認する必要はありません。ただし、提供先の事業者が実際には個人関連情報を個人データとして利用することが窺われる事情がある場合には、提供先の事業者における個人関連情報の取扱いも確認した上で「個人データとして取得する」ことが想定されるかどうか判断する必要があります。

　前記のとおり、「提供先の第三者が個人関連情報を個人データとして取得することが想定されるとき」とは、提供元の個人関連情報取扱事業者において、提供先の第三者が個人データとして取得することを

現に想定している場合、又は一般人の認識を基準として「個人データとして取得する」ことを通常想定できる場合をいいます。「個人データとして取得しない」という契約がある場合は、通常は「個人データとして取得する」ことが想定されないので、個人関連情報の提供に関する規制の適用はありません。

　ただし、提供先の事業者が実際には個人関連情報を個人データとして利用することが窺われる事情がある場合には、「個人データとして取得する」ことが想定されるかどうか検討する必要があります。例えば、提供先の事業者が不特定多数の顧客情報を保有している大規模通販事業者などである場合は、一般人の認識を基準とした場合に、提供した個人関連情報が顧客情報と照合されて個人データとして取得される蓋然性が高い場合も考えられます。こうした場合は、個人関連情報の第三者提供に関する契約を締結する際に、その個人関連情報と容易に照合することができる顧客情報等を提供先事業者が保有していないことを確認しておくことが望ましいと考えられます（一問一答令和2年改正・Q55）。

Cookie の取扱い

Q42 クッキー（Cookie）について、自社サイトに掲載したポリシーで説明しているので、第三者提供は自由に行ってよいのですか？

A42 クッキー識別子は、少なくとも個人関連情報になると考えられますので、提供先で個人データとなることが想定される場合は、個人関連情報の第三者提供について、本人の同意が得られていることを確認しなければ、第三者提供を行うことはできません。ポリシーで説明するだけでは足りず、本人の同意が得られていることを確認する必要があります。

1 クッキーは個人関連情報に当たるか

Cookie などの端末識別子については、個人情報に該当しない場合には、通常、当該端末識別子に係る情報端末の利用者に関する情報として、「個人に関する情報」に該当し、個人関連情報に該当すると考えられています。また、家族等の特定少数の人が情報端末を共用している場合であっても、通常、情報端末の共用者各人との関係で、「個人に関する情報」に該当し、個人関連情報に該当することとなると考えられます（ガイドライン Q&A・8−1）。

2 個人関連情報の第三者提供規制の適用の有無 ……

　個人関連情報取扱事業者は、提供先の第三者が個人関連情報を個人データとして取得することが想定されるときは、原則として、あらかじめその個人関連情報についての本人の同意が得られていることなどを確認しないで、その個人関連情報を提供することはできません（31条1項）。

　例えば、提供先の事業者が不特定多数の顧客情報を保有している巨大IT企業である場合、一般人の認識を基準とした場合に、提供したクッキー情報が巨大IT企業が保有するユーザー情報と照合されて個人データとして取得される蓋然性が高いと考えられます。このように、提供先が「個人データとして取得することが想定されるとき」は、あらかじめその個人関連情報についての本人の同意が得られていることなどを確認する必要があります。したがって、クッキー情報が「個人データとして取得することが想定されるとき」は、本人の同意が得られていることを確認する必要があります。

3 同意取得の方法 ……

　「本人の同意」を取得する主体は、本人と接点を持ち、情報を利用する主体となる提供先の第三者であることが想定されています。ただし、提供先が取得するのと同等の本人の権利利益の保護が図られることを前提に、同意取得を提供元の個人関連情報取扱事業者が代行することも認められるとされています（ガイドライン（通則編））。

　同意取得の方法としては、例えば、本人から同意する旨を示した書面や電子メールを受領する方法、確認欄へのチェックを求める方法が挙げられます。ウェブサイト上で同意を取得する場合は、単にウェブサイト上に本人に示すべき事項を記載するのみでは足りず、それらの

事項を示した上でウェブサイト上のボタンのクリックを求める方法等によらなければならないとされています（ガイドライン（通則編））。クッキーポリシーなどを掲載するだけでは足りません。

　実際の同意取得のフローは次のようになります（ガイドライン（通則編）付録をもとに作成）。

【提供先で同意取得する場合の一般的なフロー】

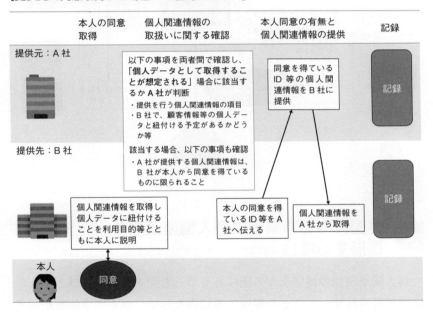

【提供元で同意取得を代行する場合の一般的なフロー】

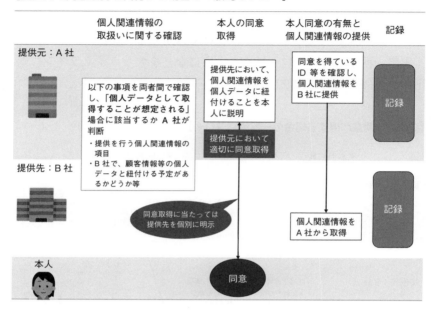

4　外国にある事業者に個人関連情報を提供する場合

　個人関連情報の提供先が外国にある第三者である場合には、本人の同意が得られていることを確認するに当たって、個人関連情報が個人データとして取得されることについての同意に加え、その同意を得ようとする時点で、

---

①　その外国の名称

②　適切かつ合理的な方法により得られたその外国における個人情報の保護に関する制度に関する情報

③　提供先の第三者が講ずる個人情報の保護のための措置に関す

る情報

が本人に提供されていることを確認しなければなりません（31 条 1
項 2 号、規則 17 条 2 項）。ただし、「個人の権利利益を保護する上で
我が国と同等の水準にあると認められる個人情報保護制度を有してい
る外国として規則で定める国」である EU および英国にある事業者に
提供する場合は、この確認は不要となります。

　なお、サーバが外国にあったとしても、事業者が日本に所在してい
る場合は「外国にある第三者」には当たりません（**7−3** 参照）。

5　同一人物に対する確認の省略

　複数回にわたって同一「本人」の個人関連情報を提供する場合にお
いて、同一の内容である事項を重複して確認する合理性はないため、
すでに適法に同意を確認し、かつ記録した本人への確認を省略するこ
とができます（令和 2 年改正法規則附則 4 条）。例えば、ID と紐付く
ウェブサイトの閲覧履歴を提供する場合、提供先がすでに包括的に本
人の同意を得ているときは、再度の提供先におけるウェブサイトの閲
覧履歴の取得は、すでに確認した「本人の同意」の範囲に含まれてい
る（内容が同一である）ため、その提供に当たっては、本人の同意が
得られていることの確認を省略することができます（ガイドライン
Q&A・8 -12）。

同意取得した場合の記録の方法

Q43 個人関連情報を第三者提供する際に、同意取得はウェブサイト上の「同意する」ボタンを押してもらう以上に同意の記録を残す必要はありませんか？

A43 個人関連情報を第三者提供する際に、ウェブサイト上のボタンのクリックを求める方法をとることは同意取得の方法としては適切ですが、同意取得を確認したことや提供先、提供した個人関連情報の項目などについて記録し、その記録を保管する必要があります。

1 同意取得の方法

個人関連情報取扱事業者は、提供先の第三者が個人関連情報を個人データとして取得することが想定されるときは、原則として、あらかじめその個人関連情報についての本人の同意が得られていることを確認する必要があります（31条1項）。提供元が、提供先に代わって同意を取得することも可能です。

同意取得の方法としては、例えば、本人から同意する旨を示した書面や電子メールを受領する方法、確認欄へのチェックを求める方法が挙げられます。ウェブサイト上で同意を取得する場合は、ウェブサイト上のボタンのクリックを求める方法によることも適切とされていま

す（ガイドライン（通則編））。したがって、設例の同意取得の方法は
適切といえます。

2 記録義務

個人関連情報の第三者提供を行った場合、個人関連情報の提供元と
提供先にそれぞれ記録義務が生じます。

提供元の事業者は、本人の同意が得られていることを確認した記録
を作成しなければなりません（31条3項、30条3項）。記録は、個人
関連情報の提供の都度速やかに作成しなければならず（規則27条2
項）、文書、電磁的記録またはマイクロフィルムによるものとされて
います（同条1項）。

なお、一定の期間内に特定の事業者に対して継続的にまたは反復し
て個人関連情報を提供する場合は、個々の提供に係る記録を作成する
代わりに、一括して記録を作成することもできます。また、本人に対
する物品又は役務の提供に係る契約を締結し、この契約の履行に伴っ
て、その本人に関する個人関連情報を第三者に提供する場合は、その
契約書などの書面をもって記録とすることもできます。記録は、原則
3年間保存する必要があります（30条4項、規則29条）。

内容としては、①本人の同意が得られていることを確認した旨、②
個人関連情報を提供した年月日、③提供先事業者の氏名または名称及
び住所（法人の場合、その代表者の氏名）、④提供した個人関連情報
の項目を具体的に記録する必要があります。以下の図を参照してくだ
さい。

なお、海外の事業者に個人関連情報を提供した場合は、外国におけ
る個人情報の保護に関する制度に関する情報などの情報が本人に提供
されたことを確認したことが記録される必要があります。

【提供元の記録事項】

	提供年月日	第三者の氏名等	本人の氏名等	個人データ（個人関連情報）の項目	本人の同意等
個人関連情報の第三者提供	○	○		○	○
（参考）本人の同意による第三者提供		○	○	○	○
（参考）オプトアウトによる第三者提供	○	○	○	○	

（ガイドライン（通則編）の図を一部修正）

　提供先においても、①本人の同意が得られていること、②個人関連情報を提供した年月日、③提供元事業者の氏名又は名称及び住所（法人の場合、その代表者の氏名）、④提供された個人関連情報の項目を具体的に記録する必要がありますが、提供先は「個人データ」として個人関連情報を取得しているので、⑤識別される本人の氏名などの本人を特定する事項を記録する必要があります。以下の図を参照してください。

【提供先の記録事項】

	提供を受けた年月日	第三者の氏名等	取得の経緯	本人の氏名等	個人データ（個人関連情報）の項目	個人情報保護委員会による公表	本人の同意等
個人関連情報の提供を受けて個人データとして取得した場合		○		○	○		○
（参考）本人の同意による第三者提供		○	○	○	○		○
（参考）オプトアウトによる第三者提供	○	○	○	○	○	○	
（参考）私人などからの第三者提供		○	○	○	○		

（ガイドライン（通則編）の図を一部修正）

個人関連情報と
他の概念との関係

Q44 個人関連情報と匿名加工情報、仮名加工情報の関係はどのように整理できますか？

A44 個人関連情報は、匿名加工情報でも仮名加工情報でもないものですが、個人データとして取得されることに着目して規定された概念です。他方で、匿名加工情報と仮名加工情報は、もともとが個人情報であったものをどのように加工するかによって異なる法律効果を規定した概念ということができます。

1 個人関連情報の意味

　個人関連情報とは、「生存する個人に関する情報であって、個人情報、仮名加工情報及び匿名加工情報のいずれにも該当しないもの」をいいます（2条7項）。個人関連情報は、その情報だけでは特定の個人を識別することはできません。法では、個人データとして取得することが想定されるときは、あらかじめその個人関連情報についての本人の同意が得られていること等を確認する必要があるので（31条1項）、第三者に提供される際に結果的に特定の個人を識別することができる状態になることが想定されるかという観点から、意味を有する概念ということができます。

2 仮名加工情報、匿名加工情報の意味

　この二つの概念は、もともと個人情報であったものから、法が規定する一定の方式によって加工された結果、どのように加工するかによって異なる法律効果を規定した概念ということができます。

　仮名加工情報とは、他の情報と照合しない限り特定の個人を識別することができないように加工された個人に関する情報のことをいい（2条5項）、匿名加工情報は、特定の個人を識別することができないように個人情報を加工して得られる個人に関する情報であって、当該個人情報を復元することができないようにしたものです（2条6項）。この加工方法の違いにより、効果も大きく異なってきます（詳しくは**3−2**を参照してください。）。

3 個人関連情報との関係の整理

　以上に述べたとおり、個人関連情報は、個人データとして取得されることに着目して規定された概念であるので、個人情報をどのように加工するのかで異なる法律効果を規定した仮名加工情報や匿名加工情報とは、まったく異なるレイヤーに属するということになります。

　なお、個人関連情報は、その後、他の事業者によって個人データとして取得されることが考えられるので、その個人データが仮名加工情報や匿名加工情報になることは十分考えられます。

【個人関連情報と匿名加工情報、仮名加工情報の関係】

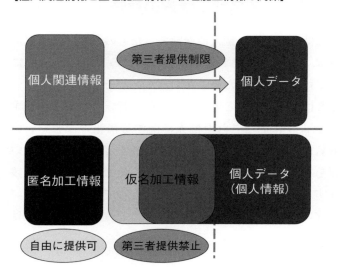

第9章

域外適用

域外適用の対象範囲

Q45 海外の事業者に日本の個人情報保護法の適用はあるのですか？

A45 　外国にある事業者であっても、日本にいる人に対する物品又は役務の提供に関連して、日本にいる人の個人情報を取り扱う場合は、日本の個人情報保護法が適用されます。

1 強制力のある「域外適用」の導入

　個人情報保護法は、我が国の個人情報保護法の海外への適用に関し、海外の事業者に対しても個人情報保護委員会からの報告徴収・命令が可能になる改正がなされました。

（個人情報保護委員会資料より）

　これまで、域外適用の対象となる外国の事業者に行使できる権限
は、指導及び助言並びに勧告のような強制力を伴わない権限にとど
まっており、外国における漏えい等の事案に対して、委員会が適切に
対処できないおそれがあったためです（個人情報保護委員会「個人情
報保護法 令和2年改正及び令和3年改正案について」）。

2　域外適用の場面

　外国にある事業者が、日本の居住者等国内にある者に対する物品又
は役務の提供に関連して、国内にある者を本人とする個人情報、個人
情報として取得されることとなる個人関連情報又はその個人情報を用
いて作成された仮名加工情報もしくは匿名加工情報を、外国において
取り扱う場合には、外国にあっても、我が国の個人情報保護法が適用
されます（171条）。

　域外適用の対象となる場合は、外国にある個人情報取扱事業者等が
これらの情報を本人から直接取得して取り扱う場合に限られず、本人
以外の第三者から提供を受けて取り扱う場合も含まれます。

　外国にのみ活動拠点を有する個人情報取扱事業者などに限られず、
例えば、日本に支店や営業所等を有する事業者の外国にある本店、日
本に本店を有する事業者の外国にある支店や営業所等も含まれます。

　また、「物品又は役務の提供」の対象となる「国内にある者」と
「個人情報」の本人である「国内にある者」については、必ずしも同
一である必要はありません。例えば、外国にある個人情報取扱事業者
が、国内にある者Aを本人とする個人情報が記載された名簿を国内
にある者Bに販売することに関連して、当該個人情報を取り扱う場
合、域外適用の対象となります（ガイドライン（通則編））。

域外適用の実効性と
その対応

Q46 海外の事業者への規制は実効性はあるのですか？

A46 外国の事業者に対しても、指導及び助言、勧告、命令の規定は適用されます。また、外国の事業者が命令に従わなかった場合には、命令に従わなかった旨を公表することができるようにしました。外国執行当局に情報提供する仕組みも導入し、外国の事業者に対しても一定の実効性を持つ仕組みを導入しています。

9-1 で述べたとおり、外国にある事業者が、日本の居住者等国内にある者に対する物品又は役務の提供に関連して、国内にある者を本人とする個人情報、個人情報として取得されることとなる個人関連情報又はその個人情報を用いて作成された仮名加工情報もしくは匿名加工情報を、外国において取り扱う場合には、外国にあっても、我が国の個人情報保護法が適用されます（171条）。

そのため、指導及び助言、勧告、命令の対象となります。しかし、法律が適用されたとしても、その実効性がなければ意味がありません。

個人情報保護委員会の命令に従わなかった場合には、命令に従わなかった旨を公表することができるようにしました（148条4項）。また、命令に従わなかった外国の事業者に関係がある国内事業者の事務所等に立入検査等（146条1項）ができると解されています（宇賀

844 頁）。

　海外の事業者に対して、個人情報保護委員会が執行力を持つことは
ありませんが、外国執行当局に情報提供して法執行を依頼する仕組み
も導入しました（172 条）。

第10章

罰　則

厳罰化

Q47 事業者が個人情報保護法違反をした場合、どのような刑罰が科されますか？

A47 個人情報保護委員会に対して虚偽の報告等をしたり、個人情報保護委員会が出す命令・緊急命令に違反した場合には、罰金が科せられる可能性があります。また、従業員等が個人情報データベース等を不正に提供したような場合には、その事業者（法人など）も罰金が科せられる可能性があります。

1 罰則引き上げの背景

　これまでも、個人情報保護法に違反した場合において、いくつかの罰則の規定がありました。しかしながら、これまで、個人情報保護法の罰則は、他の法令と比べ軽いものと言われていました。最近、多くの個人情報関連の事件・事故を耳にするようになりましたが、実際、個人情報保護法違反の事案が増加しており、個人情報保護委員会による指導等も増えています。また、国民の間にも、個人情報への意識に変化が生じ、事業者に対して個人情報の適正な取扱いを求める声が大きくなってきています。さらに、例えば、EU の GDPR では、多額の制裁金規定（最大 2,000 万ユーロ又は全世界における売上総額の 4 パーセントのうち高いほう）があります。GDPR は EU の条約であり

国内法でないため、刑罰ではなく制裁金という形をとっており、GDPR により直接罰金のような刑罰を科しているわけではありませんが、事業者に対して GDPR 遵守の動機付けとなっており、十分な効果を上げるものと期待されています。このような国内情勢、世界情勢に鑑み、我が国でも、令和 2 年改正により、法定刑の引上げが行われました。

2　具体的な罰則規定

(1)　虚偽報告等

個人情報保護委員会は、個人情報取扱事業者等に対し、必要な報告もしくは資料の提出を求めたり、個人情報保護委員会の職員を、必要な場所に立ち入らせ、質問させ、帳簿書類その他の物件を検査させることができます（146 条 1 項）。これに対し、事業者が、報告もしくは資料を提出せず、もしくは虚偽の報告をしたり、虚偽の資料を提出したり、又は個人情報保護委員会の職員の質問に対して答弁をしなかったり、虚偽の答弁をしたり、もしくは検査を拒み、妨げ、忌避した者は、罰金が科されるとされています（182 条 1 項）。この罰金の額が、これまでは 30 万円以下でしたが、令和 2 年改正法では、50 万円以下に引き上げられました。

(2)　命令違反

個人情報保護委員会は、個人情報取扱事業者等が個人情報保護法に違反した場合において、個人の権利利益を保護するため必要があると認めるときは、個人情報取扱事業者等に対し、違反行為の中止その他違反を是正するために必要な措置をとるよう勧告することができ（148 条 1 項）、この勧告を受けた個人情報取扱事業者等が正当な理由なく勧告に係る措置をとらなかった場合において、個人の重大な権利利益

の侵害が切迫していると認めるときは、勧告に係る措置をとるべきことを命ずることができます（命令・同条2項）。また、緊急に措置をとる必要があると認めるときは、個人情報保護委員会は、勧告を出さずに必要な措置をとるべきことを命ずることができます（緊急命令・同条3項）。そして、この命令、緊急命令に違反した者は、懲役又は罰金が科されるとされています（178条）。これについても、これまでは、6か月以下の懲役又は30万円以下の罰金となっていたのですが、令和2年改正により、1年以下の懲役又は100万円以下の罰金と法定刑が引き上げられています。

3　両罰規定

　刑罰は特定の個人に対して科されるものですが、個人情報保護法については、同時に法人としての事業者自身が違反しているのが通常です。したがって、行為者個人（代表者や従業員など）のみの処罰だけでは効果が限定的です。そこで、行為者のみならず、その行為者が所属している法人についても罰金を科すことにしました。これを両罰規定といいます。この両罰規定についても、令和2年改正により厳罰化がされています。

　まず、前述の(1)虚偽報告等ですが、これまでは、法人に対して30万円以下の罰金となっていましたが、令和2年改正により、50万円以下の罰金へと引き上げられました（184条1項2号）。また、前述の(2)命令違反ですが、これまでは、法人に対して30万円以下の罰金となっていましたが、令和2年改正により、1億円以下の罰金へと大幅に引き上げられました（184条1項1号）。

　次に、個人情報データベース等不正提供等罪があります（179条）。これは、業務に関して取り扱った個人情報データベース等（その全部又は一部を複製、加工したものを含む。）を自己又は第三者の不正な

利益を図る目的で提供したり、盗用する行為を処罰するものです。不正の利益を得る目的で、個人データベース等を利用しようとするのですから、重大な法令違反です。そこで、行為者については、これまでも、令和2年改正法以降も、1年以下の懲役又は50万円以下の罰金と変更はありませんが、法人に対する両罰規定が変更になりました。すなわち、これまでは50万円以下の罰金でしたが、令和2年改正法では、1億円以下の罰金へと大幅に引き上げられました（184条1項1号）。

　以上のように、令和2年改正により、一部の刑罰において法定刑が引き上げられましたが、世界の趨勢は、日本の法律よりももっと厳しいものとなっています。今後、日本においてもさらなる厳罰化も予想されますので、事業者は個人情報関連の動向を注視しておく必要があります。

【改正前後の法定刑の比較】

		懲役刑		罰金刑	
		改正前	改正後	改正前	改正後
個人情報保護委員会からの命令への違反	行為者	6月以下	1年以下	30万円以下	100万円以下
	法人等	－	－	30万円以下	1億円以下
個人情報データベース等の不正提供等	行為者	1年以下	1年以下	50万円以下	50万円以下
	法人等	－	－	50万円以下	1億円以下
個人情報保護委員会への虚偽報告等	行為者	－	－	30万円以下	50万円以下
	法人等	－	－	30万円以下	50万円以下

（個人情報保護委員会ウェブページ「令和2年改正個人情報保護法について」より）

どのような場合に処罰されるか

Q48 本人からの保有個人データの開示請求を無視した事業者は処罰されますか？

A48 開示請求を無視したことを理由に処罰されることはありませんが、開示請求を無視したことに対して、個人情報保護委員会から命令や緊急命令が出されているにもかかわらず、その命令や緊急命令に違反した場合には、処罰される可能性があります。

1 個人情報保護法の罰則規定 ……………………………

33条1項では、本人は、事業者に対して、事業者が持っている保有個人データの開示を請求することができるとされており、同条2項では、事業者は、本人からの請求を受けたときは、遅滞なく、保有個人データを開示しなければならないとされ、開示が義務付けられています。

では、本人からの保有個人データの開示請求について、事業者がこれを無視した場合、個人情報保護法で処罰されることはあるのでしょうか。

個人情報保護法第8章では、以下のような規定が置かれています。

① 個人情報保護委員会の命令に違反した場合の罰則（178条）

② 個人情報データベース等不正提供等の罰則（179条）

③ 個人情報保護委員会に虚偽報告等をした場合の罰則（182条）

④ 第三者提供を受けた者が確認を行う際に、提供元が確認事項を偽った場合の罰則（185条1号）

⑤ 認定個人情報保護団体が廃止の届け出をせず、又は虚偽の届け出をした場合の罰則（185条2号）

⑥ 偽りその他不正の手段により、保有個人情報の開示を受けた場合の罰則（185条3号）

　⑤は認定個人情報保護団体の規定であり、⑥は行政機関の保有個人情報の開示を受けた場合の規定であり、多くの民間事業者には直接関係のない規定であると思います。したがって、多くの事業者にとって関係があるのは①～④ですが、①や③は対個人情報保護委員会に関しての罰則規定であり、④は第三者提供する際に提供先が確認すべき事項を提供元が偽った場合に関しての罰則規定であり、いずれも、個人情報取り扱いに関する罰則ではありません。したがって、事業者が個人情報を不当に取り扱ったことについての罰則規定は②のみです。それも、これら②～④の規定は、個人情報取扱事業者である企業・組織への罰則規定ではなく、代表者や従業員などの個人に対する罰則であり、企業・組織については、その企業・組織に所属する者が、これらの罪を犯した場合に、罰金を科せられるという両罰規定となっているにすぎません。よって、これら以外の行為で個人情報保護法に違反したとしても、それを理由に処罰されることはありません。

2 開示請求を無視した事業者への処罰

　以上のことから、本設問において、仮に、本人からの開示請求を無視したとしても、それを理由に刑罰が科されるということはありませ

ん。もっとも、そのような事業者に対して、個人情報保護委員会は、勧告（148条1項）を出すことができ、事業者が正当な理由なく勧告に係る措置をとらなかった場合で、個人の重要な権利利益の侵害が切迫していると認めるときは命令を出すことができますし（同条2項）、緊急の場合は、勧告を出さず命令（緊急命令）を出すこともできます（同条3項）。そして、この命令や緊急命令に事業者が従わなければ、上記①に当たり処罰される可能性があります。

漏えい等と処罰の関係

Q49 個人データが漏えいしたにもかかわらず何もしな
かった事業者は処罰されますか？

A49 個人データが漏えい等した場合で、事業者が何の対処もし
なかったとしても、それ自体で処罰されることはありませ
ん。もっとも、個人情報保護委員会から命令・緊急命令が出されるこ
とがあり、これに従わない場合には、処罰される可能性があります。

　では、個人データが漏えいするという重大事故が生じた場合でも、
何も対処しなかった事業者は処罰されるのでしょうか。
　個人情報保護法の罰則規定は前記 **10－2** のとおりであり、この中
に、個人データを漏えいさせた場合や、漏えい事故が発生したにも関
わらず何も対処しなかった場合の罰則規定はありません。したがっ
て、何も対処しなかったということを理由に処罰されることはありま
せん。
　もっとも、前述のとおり、個人情報保護委員会の命令・緊急命令に
違反した場合は、処罰の対象となります。特に、令和２年改正法で
は、個人データの漏えい等が生じた場合の個人情報保護委員会への報
告が事業者に義務付けられました（26条１項）。これは、個人情報保
護委員会が漏えい等の事態を速やかに把握し、必要な措置が講じられ
るようにするためです。したがって、個人データ漏えい等が発生した

場合には、個人情報保護委員会の指導・勧告や命令が出されることが想定されているともいえます。

　以上のことから、事業者としては、直接の処罰規定がなかったとしても、漏えい等が発生した場合には、適切に対処する必要があるといえます。

　なお、情報漏えいといっても、個人情報データベース等を、不正な利益を得る目的で故意に提供しようとするような場合は、その行為者は前記 **10-2 ❶** の②で処罰され、事業者（法人）も両罰規定により罰金が科される可能性があります。

Q50 処罰以外に、事業者名が公表されることはありますか？　公表されるのであれば、どのような場合に公表されるのですか？

A50 個人情報保護委員会の命令・緊急命令に違反した場合、その旨が公表されることがあります。

　前述のとおり、個人情報を適切に取り扱っていなかったとしても、それを理由に事業者が処罰されることはありません。もっとも、消費者、情報を提供する本人からすれば、そのような事業者がいるのであれば、教えてほしいと考えるでしょう。

　そこで、148条4項では、事業者が個人情報保護員会の命令・緊急命令に違反したときは、その旨を公表できるとしています。これは、消費者・本人に対して、自己の情報をその事業者に提供してよいか、その事業者に利用の停止を求めるかを判断させる材料を提供するとともに、事業者に対する違法行為抑止の意味も含むものといえます。

　以上のことから、例えば、前記 **10-2** のような、本人からの保有

個人データの開示請求を無視した場合、個人データが漏えいしたにもかかわらず、何の対処もしなかった場合でも、それだけで、事業者名が公表されることはなく、あくまで個人情報保護委員会の命令・緊急命令に違反した場合に公表される可能性があるということです。

　もっとも、個人情報保護委員会の公表より先に、マスコミにより大々的に報道がされてしまうこともあるでしょう。特に、情報漏えいしたにもかかわらず、それを隠していたことが後に判明した場合とか、本人の権利侵害が重大である場合には、多くのメディアに取り上げられ、事業者の信用問題ともなりかねません。

　したがって、個人情報保護委員会の命令がないからとか、罰則規定がないからという理由で法律を守らなくてよいということにはならないのです。

第**11**章

医療・学術分野の規定の見直し

官民の規律統一化

Q51 どのような機関に民間部門の規制が適用されるのですか？

A51 独立行政法人のうち別表第2記載の法人、及び地方独立行政法人のうち地方独立行政法人法21条1、2、3号に該当する業務を目的とする組織・機関に個人情報保護法第4章が原則適用になります。これらを「規律移行法人」と呼びます。

1 独立行政法人の適用関係

　これまで、国立大学などの独立行政法人については、独立行政法人個人情報保護法の適用がありましたが、同法が今回の改正に伴い廃止となることから、独立行政法人は、第4章の個人情報取扱事業者に係る規定が適用される法人と、第5章の行政機関等の責務の規定が適用になる法人とに区分され、別表第2の法人は「行政機関等」から外された（2条11項3号）結果、民間部門の規制である第4章の義務規定が適用されることになります。

　また、地方独立行政法人には各公共団体が制定した条例の適用がありましたが、条例についても基本法が個人情報保護法となり、これらの法人についても第4章が適用される法人と第5章が適用される法人とに分かれることになりました。地方独立行政法人法21条1、2、3

号を目的とする法人は「行政法人等」から外されることになりましたので（2条11項4号）、原則として第4章が適用されることになりました。

2　第4章の適用あるも、例外も

　国立大学や国立病院など、学術研究機関の多くは、別表第2に記載され、前述の通り2条11項3号によって「行政機関等」に入れないこととされました。

　ただ、第4章の規定する義務がすべて適用になるのではなく、これまでの経緯を鑑みて、保有個人データの開示義務等に係る部分（32条から39条）については別表第2記載の法人には適用しないとしています（58条1項1号）。そのうえで、開示等請求に対しては、行政機関等と同様に対応することが定められています（125条2項）。

　なお、国が行政上の目的をもって運営している医療機関（自衛隊病院など）、研究機関（感染症研究所など）については医療機関や学術研究機関ですが、政府直轄の機関という意味で、行政上の要請などもあり、純然たる行政機関等としての取扱いになります。

3　地方独立行政機関

　同時に、地方公共団体に関連する地方独立行政法人というものがあり、地方独立行政法人法によって、必要な業務の執行を行うものとして設立されています。地方の医療を行う地方独立行政法人（61法人）、学術研究を行う87法人などになります。

　2条11項4号は、行政機関等から、地方独立行政法人法第21条1，2，3号に掲げる業務を目的とするものを除く、としました。

　また、16条2項4号では、**2**と同様に個人情報取扱事業者から地

法独立行政法人を排除しましたが、すでに行政機関等から外しているので、その結果個人情報取扱事業者と見るほかないことになりました。

　また、58条1項2号により、地方独立行政法人についても、保有個人データの開示義務等に係る32条から39条は適用しないこととしました。

4 地方公共団体自身が運営する病院、診療所、大学など

　さらに地方公共団体自身が運営する病院（約800か所）、地方公共団体自らが設置した大学などの学術研究を行うもの（10大学）については、経営主体は行政機関であるものの、その実態は民間の医療機関や大学と変わりがないことから、これらも個人情報取扱事業者と「みなして」、第4章、第6章から第8章の規定の適用があるとし、ここでも、32条から39条は適用しない（58条2項）としたのです。

　他方で、125条1項で58条2項の事業者については行政機関等の開示等請求の手続きなどを適用する（反対解釈）こととしています。

5 安全管理措置について

　別表1に記載された独立行政法人等（大学等）、及び58条1項2号に該当する地方独立行政法人等については、32条から39条の開示手続きは適用されませんが、それ以外は民間と同じ義務が課されることになりました。安全管理措置も23条に従って必要となります。

　同様に前記**4**の地方公共団体の運営する病院、大学については、58条2項によって個人情報取扱事業者と「みなす」とされているので、23条の安全管理措置は全二者と同様に課されることになります。

　しかし、法令に基づく業務として公権力性の高い業務を行っている

場合は、125条1項で、行政機関等の安全管理措置を定めた66条1項も適用することとなっています。

　結局、個人データに関する23条の安全管理措置義務の適用を原則としつつ、公権力性の高い業務を行っている場合は行政機関等の義務とされる保有個人情報に関する66条1項の安全管理措置義務が適用されることになるので、相応の措置が必要となる、ということになるようです。

Q52 国公立大学の病院に民間部門の規制が課されることで、これまでの治療や研究に問題はありませんか？

A52 　問題はないといえるでしょう。学術研究目的での利用に対して大幅に緩和されており、支障はないはずです。

1 治療に関する個人情報の保護

　病気や健康、治療内容などに関する情報は、きわめてセンシティブな情報であって、重要な要配慮個人情報となっています。これらの情報については、これまでも民間においても、国立の病院、国立大学付属の病院であっても、重要な情報として慎重に取り扱ってきています。

　患者の治療のために他の病院に紹介したりする場合も、基本的には本人の同意を確保し、緊急の場合には黙示の同意とするなど、同意のうえでの移転を確保してきています。こうした作業は患者の命を救うための移転であって、例外規定も考慮して行われています。これは国立も民間も差はありません。

　したがって、今後の対応としても治療行為に支障が生じるようなこ

とは発生するとは考えられません。

2　学術研究活動の規制緩和の役割

　研究活動については、これまで国立大学等と、民間の私立大学等が、適用法令が異なり、概念が一致していないことなどから、混乱し、あるいは停滞していたと考えられますが、今回の法令統一で、その障壁がとり払われました。

　特に、学術研究では、大幅な緩和措置が取られており（18条3項5、6項利用目的制限の緩和、20条2項5、6号要配慮個人情報取得の同意の緩和、27条1項5、7号第三者提供制限緩和など）、学術研究機関相互の連携が強化され、より充実した研究環境が確保されました。

【民間部門の規制（個人情報取扱事業者としての義務）の適用関係】

			個人情報取扱事業者第4章の適用	行政機関等第5章の適用	例外規定・根拠条文等
1	民間事業者	一般事業者	○	×	
		学術研究機関	○	×	
		医療機関（私）	○	×	
2	国	行政機関	×	○	§2Ⅷ、§2Ⅺ①
		裁判所	×	×	裁判所が司法行政事務に関して保有する個人情報の取扱要綱（行政機関個人情報保護法に準拠している）
		国会	×	×	衆議院事務局の保有する個人情報の保護に関する規程（行政機関個人情報保護法に準拠している）

			個人情報 取扱事業者 第4章の適用	行政機関等 第5章の適用	例外規定・根拠条文等
		国立国会図書館	×	×	国立国会図書館の保有する個人情報の保護に関する規則（行政機関個人情報保護法に準拠している）
3	独立行政法人	国民生活センターなど	×	○	
		学術研究機関（国立大学法人、大学共同利用機関法人「国立情報学研究所」など）	○	×	行政機関等には入らない§2ⅩⅠ③ことから、別表2の法人は個人情報取扱事業者になる、とする。
		医療機関「独立行政法人国立病院機構」			別表2
4	地方公共団体	行政機関		○	§2ⅩⅠ②
		議会	×	×	§2ⅩⅠ②括弧書。独自の議会にかかる個人情報保護条例が必要となる
5	地方独立行政法人	各種研究センター、博物館等	○	×	§2ⅩⅠ④、§58ⅰ② 適用除外されるもの以外の適用
		県立大学など	○	×	§2ⅩⅠ④、§58Ⅱ によるみなし規定
		県立病院など	○	×	§2ⅩⅠ④、§58Ⅱ によるみなし規定

学術研究の適用除外規定の精緻化

Q53 学術研究機関についてどのような法改正が行われたのですか？

A53 従来、学術研究機関の研究目的利用の場合は、個人情報取扱事業者の義務は適用除外（改正前76条）でしたが、令和3年改正法では、適用除外規定（改正法57条）から学術研究機関が外され、原則として、個人情報取扱事業者の義務を適用した上で、個別に適用緩和を行うことになりました。

1 改正前の適用関係

　国立大学法人、国立病院、国立研究機関は、独立行政法人個人情報保護法の適用がある一方、私立大学等については、民間事業者でありながら個人情報保護法の義務規定が適用除外とされ（改正前76条1項）、自主的規律が求められるにとどまっていました（改正前76条3項）。また、県立大学は各県の条例である個人情報保護条例が適用されていました。このように、国立大学、私立大学、県立大学についてそれぞれ適用される法令がバラバラで整合されていない結果、対応が混乱してしまったわけです。

【個人情報保護制度見直しの全体像】

① 個人情報保護法、行政機関個人情報保護法、独立行政法人等個人情報保護法の**3本の法律を1本の法律に統合する**とともに、地方公共団体の個人情報保護制度についても統合後の法律において全国的な共通ルールを規定し、全体の所管を個人情報保護委員会に一元化。

② 医療分野・学術分野の規制を統一するため、**国公立の病院、大学等には原則として民間の病院、大学等と同等の規律を適用。**

③ 学術研究分野を含めたGDPRの十分性認定への対応を目指し、**学術研究に係る適用除外規定**について、一律の適用除外ではなく、義務ごとの例外規定として精緻化。

④ **個人情報の定義等を国・民間・地方で統一する**とともに、行政機関等での**匿名加工情報の取扱いに関する規律を明確化。**

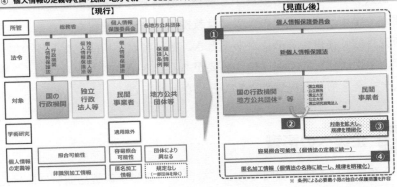

（個人情報保護制度の見直しに関するタスクフォース「個人情報保護制度の見直しに関する最終報告（概要）」（令和2年12月）より）

2　令和3年改正のポイント

　令和3年改正により、学術研究機関等については、原則として個人情報保護法の適用を前提としつつ、学問研究の自由や研究活動の活性化などを目的として、以下のとおり、個別緩和が図られました。

(1)　利用目的による制限の緩和（18条3項5号、6号）

　個人情報の利用方法が、当初開示された利用目的の範囲を超えた場合でも、学術研究の用に供する場合であれば利用可能となりました。

(2)　要配慮個人情報の取得制限の緩和（20条2項5号、6号）

　要配慮個人情報を取得する場合、原則として本人の同意が必要です

が、学術研究目的の場合には、本人の同意なく要配慮個人情報を取得できることになりました。

(3)　個人データの第三者提供制限の緩和（27 条 1 項 5 号〜 7 号）

　個人データを第三者提供する場合、原則として本人の同意が必要ですが、学術研究の成果の公表又は教授のためやむを得ないとき、学術研究目的で提供する必要があるとき、第三者が学術研究機関等の場合で、学術研究目的で取り扱う必要があるときは、本人の同意なく、個人データを第三者提供できることになりました。

3　企業への影響

　企業における研究機関であっても、その機関が新製品開発に向けた分析や研究を目的としている場合には、「学術研究を目的とする機関若しくは団体」（16 条 8 項）とはいえませんので、学術研究機関等には該当しません。したがって、このような場合は、上記緩和規定は適用されません。ただ、民間団体付属の研究機関等における研究活動についても、当該機関が学術研究を主たる目的とするものである場合には、学術研究機関等に該当するものとされています（ガイドライン（通則編））。

Q54　我が国の学術研究機関には EU の GDPR の十分性認定の効力が及ばないということと、令和 3 年改正法には関係がありますか？

A54　令和 3 年改正法は、学術研究機関等を適用除外規定の対象外とし、個人情報取扱事業者の義務規定を原則適用するこ

とにより、学術研究機関等についても GDPR の十分性認定の対象とすることを目指したものといえます。

1　改正前の状況

　民間事業者については、平成 31 年 1 月、EU 当局より、GDPR（一般データ保護規則）における個人データの越境移転に関する十分性認定を受けています。

　しかしながら、学術研究機関については、改正前 76 条 1 項により、個人情報保護法第 4 章に規定する個人情報取扱事業者の義務規定が適用除外となっていました。このため、学術研究機関は、個人情報保護法の規定が完全に適用されているとはいえず、個人データの越境移転についての十分性認定の効果は及ばないのではないかとの疑念がありました。

　また、GDPR は、我が国の個人情報保護法の適用のある事業者を対象として十分性を認定していることから、そもそも個人情報保護法の適用のない行政機関や独立行政法人についても、十分性認定の対象外となっていました。

　したがって、改正前の状況では、学術研究機関、行政機関、独立行政法人は十分性認定がない状態であって、GDPR が定める標準契約条項（SCC）等による手続きを踏んだ上での個人データ越境移転が必要となっていました。

2　改正法の果たす役割

　令和 3 年改正により、学術研究機関等についても個人情報取扱事業者の義務規定を原則適用することにより、十分性認定の対象となるための前提が整えられたものといえます。ただし、令和 3 年改正では、

学術研究機関等について、一般の民間事業者の義務を緩和するものも多いので、一部不透明なところもあります。

　また、十分性認定は 4 年ごとの定期的な見直しがあるため（GDPR45条 3 項）、我が国当局は引き続き EU と協議するとともに、慎重な実務の積み上げが必要になります。

Q55 学術研究機関にも安全管理措置や開示等請求に関する義務は課されますか？

A55　学術研究機関においても、安全管理措置義務や開示等請求に関する義務が課されます。ただし、国立大学や県立大学の場合には、私立大学などの民間の学術研究機関とは異なる条文が適用されます。

1　民間事業者の義務

　個人情報保護法では、民間の事業者に対し、①利用目的の特定（17条）、②利用目的による制限（18条）、③不適切利用禁止（19条）、④適正な取得（20条）、⑤取得に際しての利用目的の通知等（21条）、⑥正確性等の確保（22条）、⑦安全管理措置義務（23条）、⑧従業者監督義務（24条）、⑨委託先監督義務（25条）、⑩漏えい等の報告等義務（26条）、⑪第三者提供制限（27条）、⑫第三者提供記録の作成義務（29条、30条）、⑬個人関連情報の第三者提供制限等（31条）、⑩開示、訂正、利用停止等請求対応（33条〜35条）等の多数の義務を課しています。

2　私立大学等の民間の学術研究機関について

　まず、私立大学等の民間の学術研究機関については、個人情報取扱事業者になることから、安全管理措置や開示等請求に関する規定を含め、上記義務の多くが適用されます。もっとも、前述のとおり、学術研究機関等が学術研究目的で、①利用目的の達成に必要な範囲を超えた個人情報の取扱いが可能であり（18条3項5号、6号）、②本人の同意なく要配慮個人情報が取得でき（20条2項5号、6号）、③本人の同意なく個人データの第三者提供ができる（27条1項5号〜7号）などの緩和措置がとられています。

3　国立大学、県立大学について

(1)　安全管理措置

　国立大学や県立大学については、原則的に、民間の個人情報取扱事業者の義務規定である第4章が適用されます（国立大学について58条1項、県立大学について同条2項）。したがって、国立大学も県立大学も、民間事業者に適用される安全管理措置義務（23条）が適用されます。

　ただし、国立大学や県立大学であっても、公権力性の高い業務を行う場合には、行政機関の長等と同様の安全管理措置を講ずることが望ましいことから、「法令に基づき行う業務であって政令で定めるもの」（66条2項3号、4号）については、行政機関の長等に適用される安全管理措置規定（66条1項）を適用することにしました。

　その結果、公権力性の高い業務として「法令に基づき行う業務であって政令で定めるもの」に該当する場合には、国立大学、県立大学であっても、他の行政機関と同様、66条1項の安全管理措置義務を負うことになります。

　なお、民間の個人情報取扱事業者と行政機関の長等の安全管理措置では、前者が個人データを対象としているのに対し、後者が保有個人情報（行政機関等の職員が職務上作成し、又は取得した個人情報であって、行政機関等の職員が組織的に利用するものとして、行政機関等が保有しているもの。60条1項）を対象としている点に違いがあります。

(2)　開示等請求

　前述のとおり、国立大学や県立大学については、原則的に、個人情報取扱事業者の義務規定である第4章が適用されます（58条1項、2項）。しかしながら、国立大学が適用される58条1項でも、地方大学が適用される58条2項でも、32条から39条まで及び第4章第4節の規定は適用されないとされています。32条から39条とは、保有個人データに関する事項の公表等、保有個人データの開示、第三者提供記録の開示、保有個人データの訂正等、保有個人データの利用停止等に関する規定です。また第4章第4節とは、匿名加工情報取扱事業者等の義務に関する規定です。

　他方、125条1項、2項では、国立大学や県立大学について、行政機関等の義務等における「開示、訂正及び利用停止」（第5章第4節）及び「行政機関等匿名加工情報の提供等」（第5章第5節）を適用するとされています。すなわち、国立大学、県立大学については、民間の個人情報取扱事業者と同様の規律が原則であるが、開示等の請求や匿名加工情報については、行政機関等の規律に従うということになります。

Q56 当社で保有する個人データについて、研究機関からウイルス研究のために提供してほしいとの要請を受けましたが、本人の同意を得ずに提供してもよいですか？

A56 27条1項7号によって、第三者が学術研究機関等であって、学術研究目的で取り扱う必要があるときは、本人の同意なく個人データを第三者提供することができます。さらに、同条1項3号に規定する、公衆衛生の向上のために特に必要がある場合で、本人の同意を得ることが困難であるときにも該当する可能性があり、この場合にも、本人の同意なく個人データを提供することができます。

1 従来の法規制

従来から、個人情報保護法では、公衆衛生の向上のために特に必要がある場合で、本人の同意を得ることが困難であるときは、本人の同意なく個人データを第三者提供することができるとされていました。

もっとも、このような規定があったとしても、「公衆衛生の向上のため特に必要がある場合」というのはかなりあいまいな内容であり、当事者が、特に必要があるかどうかを容易に判断できなかったことから、実際には、個人データを第三者提供した場合、後からさまざまな批判を受けるという懸念もあり、過剰反応から、ほとんど活用されていませんでした。

2 本人同意なく第三者提供が可能

令和3年改正法によって、第三者が学術研究機関等である場合で、

当該第三者が個人データを学術研究目的で取り扱う必要があるとき
は、事業者は、本人の同意なく個人データを第三者である学術研究機
関等に提供することが可能となりました（27条1項7号）。

　この第三者提供は、個人データを取り扱う目的の一部が学術研究目
的である場合を含むとされていますが、他方で、個人の権利利益を不
当に侵害するおそれがある場合は、本人の同意なく第三者提供するこ
とはできないとされています（27条1項7号括弧書）。

　以上のことから、事業者は、大学の研究機関や医療機関などから、
個人データの提供要請があった場合には、この規定に従って個人デー
タを提供することができることになります。

3　第三者提供記録の作成及び開示は不要

　このように個人データを第三者提供した場合、通常、事業者は、
データを提供した年月日、第三者の氏名又は名称その他個人情報保護
委員会規則で定める事項に関する記録を作成しなければなりません
（29条1項）。また、令和2年改正により、保有個人データに係る第
三者提供記録について、本人の請求があれば、事業者は開示しなけれ
ばならなくなりました（33条5項）。

　もっとも、29条1項ただし書では、27条1項各号については適用
が除外されており、第三者提供記録の作成義務がありません。前述の
とおり、学術研究機関等である第三者が個人データを学術研究目的で
取り扱う必要があるときにおいて第三者提供する場合は27条1項7
号に当たるのですから、この場合、第三者提供記録を作成する必要は
ありません。

　以上のことから、個人情報保護法上、第三者提供記録を作成する義
務はなく、開示義務もないということになります。

　ただし、事業者が、内部の記録として学術研究機関等に提供したこ

とを示す記録をとることは、内部統制上も必要なことですので、事業者の責任で作成しておくことをお勧めします。

Q57 研究機関が民間企業と共同で新製品の研究開発を行う場合、「学術研究目的」には当たらないのですか？

A57 製品開発目的は、学術研究目的には当たりません。そのため、研究機関であっても、通常の個人情報取扱事業者の義務を負うことになります。

1 民間企業は学術研究機関等に当たるか

まず、主体の問題として、大学などの学術研究機関は当然としても、民間企業の研究機関、民間の研究所に所属する研究員などについても、「学術研究機関等」（16条8項）に該当するのかという問題があります。

16条8項では、学術研究機関等とは「大学その他の学術研究を目的とする機関若しくは団体又はそれらの属する者」と規定されています。

この規定からは民間企業の研究機関、民間の研究所に所属する研究者が学術研究機関等に含まれるのかは定かではありませんが、ガイドライン（通則編）では、「民間団体付属の研究機関等における研究活動についても、当該機関が学術研究を主たる目的とするものである場合には、『学術研究機関等』に該当する」とし、民間の研究機関であっても学術研究機関等となるとしています。他方で、「当該機関が単に製品開発を目的としている場合は『学術研究を目的とする機関又

は団体』には該当しないが、製品開発と学術研究の目的が併存してい
る場合には、主たる目的により判断する」とし、目的の主従により学
術研究機関等であるかを判断するとなっています。

　商品開発目的と学術研究目的が併存する場合、どのような基準で主
たる目的を認定するのかについては明らかではありませんが、このよ
うな場合、単なる商品開発ではなく、社会に貢献できるような研究目
的があり、それが主たる役割であるとの説明を企業が合理的にできる
かということが一応の基準になるものと思います。

2　学術研究目的とは

　「学術研究」とは、ガイドライン（通則編）によると、「新しい法則
や原理の発見、分析や方法論の確立、新しい知識やその応用法の体系
化、先端的な学問領域の開拓など」とされています。また、「製品開
発を目的として個人情報を取り扱う場合は、当該活動は、学術研究目
的とは解されない」とも規定しています（同）。

　したがって、製品開発目的で共同研究を行う場合は、学術研究目的
とはなりません。

3　学術研究目的に当たらない場合の対応

　学術研究機関が民間企業と共同研究を行う場合で、その目的が研究
目的ではなく、製品開発目的であるときには、共同研究者である学術
研究機関（大学等）であっても、学術研究目的が認められませんの
で、学術研究目的における例外規定である、利用目的の制限の例外
（18条3項5号、6号）、要配慮個人情報の取得の例外（20条2項5
号、6号）、第三者提供の制限の例外（27条1項6号、7号）などは
適用されません。

　したがって、学術研究機関等についても、通常の個人情報取扱事業者として、個人情報取扱事業者の義務を遵守した上で、個人情報、個人データを取り扱う必要があります。

第 **12** 章

地方公共団体等の個人情報の取扱い

共通ルールの適用

Q58 地方公共団体の「共通ルール」とはどのようなものですか？

A58 これまでバラバラだった各地方公共団体の個人情報保護規制について、全国的な標準ルールを定めるというものです。ただし、法律の範囲内で、各地方公共団体が個人情報の保護に関する条例を制定することも認められています。

1 地方公共団体における 個人情報保護法制の問題点

　国における個人情報保護法が制定された平成15年よりも前から、多くの地方公共団体では個人情報保護条例が制定されていました。個人情報保護法が施行された後も、地方公共団体における個人情報保護規制は、各地方公共団体の条例に委ねられ、個人情報保護法の適用外となっていました。

　個人情報保護条例は、各地方公共団体により、その内容が異なっており、統一的なルールがない状況でした。その結果、それぞれの地方公共団体でデータ取扱いのルールが異なることによりデータ流通の支障となっている、逆に個人情報保護条例がない地方公共団体があることにより個人情報保護法で求められる保護水準を満たしていない団体

があるなどの問題が生じていました。これが、いわゆる「2,000 個問題」というものです（都道府県、市町村、広域連合等を合わせておよそ 2,000 団体あることから、このような呼び方がされました。）。

　また、現在、国境を超えたデータ流通が増えており、地方公共団体を含め、国際的な制度との調和も必要となっていました。

　そこで、地方公共団体についても全国的な共通ルールを法律で設定する必要性が高まったことから、令和 3 年改正法に、地方公共団体における個人情報保護規制が盛り込まれることになりました。

　もっとも、地方公共団体におけるルールを国の法律で規定することは、地方自治に反するのではとの声もあります。これについては、令和 3 年改正法には、すでに地方公共団体に存在する個人情報保護条例の条文を参考にした規定（66 条 2 項、70 条、76 条 2 項など）があること、地域の特性に応じた独自の保護措置を許容していることなどが挙げられることから、地方自治には反しないと考えられています。

2　主な改正点

(1)　共通ルール

　令和 3 年改正法では、すべての地方公共団体に対し、法律により、共通のルールを設定することになりました。

　具体的には、2 条 11 項により、国の行政機関、地方公共団体の機関、独立行政法人等、地方独立行政法人を合わせて、「行政機関等」とし、第 5 章において、「行政機関等の義務等」を規定しています。すなわち、国の行政機関も、地方公共団体の機関も、この第 5 章の義務を遵守する必要があるのです。そして、第 5 章第 1 節の総則（60条）では、国の行政機関、地方公共団体に適用される定義規定があり、これまで、国の行政機関、各地方公共団体ごとにバラバラであった概念が統一化されることになりました。第 2 節（61 条以下）では、

「行政機関等における個人情報等の取扱い」の規定が置かれています。これらの規定により、個人情報等の定義や個人情報の取扱いについて、地方公共団体の機関は、国の行政機関と同じルールが適用されるようになります。また、第4節（76条以下）は、「開示、訂正及び利用停止」に関する規定となっており、開示等請求権の要件、手続きのうち主要なものは法律で規定され、地方公共団体の機関と国の行政機関では、多くが同じルールの下で開示等の手続きを行うこととなっています。

　さらに、第6章（130条以下）では、内閣府の外局である個人情報保護委員会が規定されていますが、その中の第2節第3款（156条以下）では、「行政機関等の監視」が規定されており、地方公共団体の機関も、個人情報保護委員会の監視の対象となっています。例えば、個人情報保護委員会は、地方公共団体の機関に対して、指導・助言（157条）、勧告（158条）、勧告に基づいてとった措置についての報告の要求（159条）をすることができるとなっています。

　これらの規定から、令和3年改正法は、全国的な最低限の基準、いわゆるミニマムスタンダードを設定するのみならず、全国的な標準ルールを定めたものといえます。

(2) 国による指針の策定等

　また、9条では、地方公共団体が策定し、又は実施する個人情報の保護に関する施策を支援するため、国は、情報を提供したり、地方公共団体が講ずべき措置の適切かつ有効な実施を図るための指針を策定したり、その他必要な措置を講ずるとされています。すなわち、国は、ガイドラインを策定するなどして、地方公共団体が行う個人情報の保護に関する施策を支援するということになります。

(3)　地方公共団体の条例

　前述のとおり、令和3年改正法では、全国的な標準ルールを定めていますが、他方、地方公共団体には地方自治（憲法第8章）があり、各地方公共団体の判断により、個人情報に関する条例を定めることもできます。

　もっとも、憲法94条では、地方公共団体は法律の範囲内で条例を制定することができるとなっており、個人情報保護法5条でも、地方公共団体は、その地方公共団体の区域の特性に応じて、個人情報の適正な取扱いを確保するために必要な施策を策定し、実施する責務を有するとされています。したがって、地方公共団体が個人情報に関連する条例を定めるとしても、個人情報保護法で定められている共通ルールよりも保護の水準を下げることはできません。また、「その地方公共団体の区域の特性」に応じる必要があることから、共通ルールよりも保護の水準を上げるとしても、その地方公共団体の区域の特性に応じて特に必要がある場合に限って行われるべきとされています。

　また、167条1項では、地方公共団体の長は、個人情報の保護に関する条例を定めたときは、遅滞なく、その旨及びその内容を個人情報保護委員会に届けなければならないとしており、同条2項では、1項の届出があったとき、個人情報保護委員会は、その届出に係る事項を公表しなければならないとされています。なお、この届出は、事後届出の義務に過ぎず、個人情報保護委員会の承認までは必要ないとされています。

地方公共団体における
個人情報の取扱い

Q 59 地方公共団体は、同意なく要配慮個人情報を取得できるのですか？

A 59 行政目的が適正であり、その目的が明示され、適正に取得されていれば、取得の制限はなく、同意を取らなくても取得することができます。

1 地方公共団体の位置づけ

　まず、地方公共団体はそれぞれに立法権（条例制定権）を有しており、これまでも個人情報保護条例を制定して、地方公共団体としての保護制度を実施してきました。

　今回の改正で、個人情報保護法と行政機関個人情報保護法、独立行政法人個人情報保護法の3法を統合するという改正（デジタル社会形成整備法50条改正。個人情報保護法以外の二法は廃止されます）に加えて、地方公共団体の条例と個人情報保護法の調整も行われました。デジタル社会形成整備法51条改正では、条例を廃止するのではなく、条例の独自の判断を尊重しつつも、基本的部分は個人情報保護法に従うというかたちでの調整になりました。

　地方公共団体は、行政機関としての地位もありますので、個人情報保護法上も「行政機関等」とされ、第5章の「行政機関等の義務等」

に従うことになります（なお、地方公共団体の議会は立法機関ですから「行政機関等」には含まれません）。

　こうして行政機関等に位置付けられたことから、61条以下に規定する行政機関等の義務を負うことになりました。

2　地方公共団体の収集する個人情報

　日本国民は、生まれると出生届を出しますが、これは国民の義務であり（戸籍法49、52条）、この情報提供において「同意」という概念はありません。また、住所を定め、住民となれば住民登録の義務があります（地方自治法10条、住民基本台帳法22〜24条）。こうして、これらの情報の届出、地方公共団体への登録は、国民の義務として行われ、選挙制度、健康保険制度、年金、児童手当、学齢簿の作成、生活保護、印鑑登録制度やさらには税金の基礎になるなど、極めて多数の情報が紐づき、行政目的に沿って、相互に結合され、提供され、利用されているわけです。ここでは年収（税金の負担の基礎の情報として収集されるなど）などのセンシティブ情報や、健康保険関係における罹患、治療歴などが取得されます。選挙違反による選挙権停止などを行う必要から、選挙違反の刑罰に係る情報（要配慮情報）なども取得されます。これらは行政目的の実現のために必要な情報として、同意を前提とせず、取得されているものです。

　したがって、民間の個人情報取扱事業者のような、本人の同意のもとでの情報の取得といった関係にはなく、これらとは別の規律に従うことになるのです。

3　利用制限等と要配慮個人情報

　行政機関等としての地方公共団体においては、個人情報の保有制限

（61 条　利用目的の達成に必要な範囲を超えて保有してはならない）、利用目的の明示（62 条）、不適正な利用禁止（63 条）、適正取得（64 条　偽りその他の不正手段により取得することの禁止）などの義務があります。

　地方公共団体の業務として行う場合に、情報の取得は法律上の義務である場合が多く、不正手段等による必要はなく、適正に業務執行を行えばよいことになります。こうして取得された情報を基礎に、行政を遂行するということになります。

4 　地方公共団体ごとの独自の要配慮個人情報 ⋯⋯⋯⋯

　地方においてはその地方の歴史など特殊な事情によって、要配慮個人情報とすべきものがあるため「条例要配慮個人情報」という概念を認め、特に配慮すべきものとしています（60 条 5 項）。

　この点について、個人情報保護委員会は次のように考えています。

　「法第 60 条第 5 項の規定に基づき、地方公共団体は、地域特性に応じて『条例要配慮個人情報』に関する定めを条例に設けることができるが、令和 3 年改正法の個人情報保護に関する全国共通ルールを法律で定めるという目的に鑑み、法の規律を超えて、地方公共団体による取得や提供等に関する独自の規律を追加することや、民間の個人情報取扱事業者等における取扱いを対象に固有の規律を設ける等の対応は、許容されない」（「個人情報保護法令和 3 年改正等について（学術研究分野・公的部門関係）」令和 3 年 10 月 11 日）

　このように、法の規律以上の規制、処罰などはできないとされていますが、地方自治法との関係でみる限り、地方自治を考慮すべきとの見解も出ているようです。この点は、今後の動静を見極めていく必要があるでしょう。

第 **13** 章

法律と条例の関係

法律と条例の関係

Q60 改正法と各自治体の個人情報保護条例はどのような関係になるのですか？

A60 個人情報の取扱いについては国の法律である個人情報保護法が適用され、法律と抵触する部分（罰則規定など）については条例から削除されます。ただし、法律では足りない部分や地方の独自性に基づく規定などは条例の適用があります。

1 地方公共団体に係る改正としての51条改正 ……

　地方公共団体の立法権と関係し、競合することのある法律と条令の関係ですが、国民の個人情報保護に関する規律を統一する観点から、個人情報保護法が基本法として適用されることになりました。

　まず、51条改正により、個人情報保護法は「行政機関等」に適用されることになりましたが、地方公共団体はこの行政機関等（2条11項）に含まれます。その結果、地方公共団体は、個人情報保護委員会の監視対象となります（156条以下）。

　次に、5条で、地方公共団体は「この法律の趣旨にのっとり、国の施策との整合性に配慮しつつ、その地方公共団体の区域の特性に応じて」条例制定や各種の施策を実施するものとし、法律の趣旨を前提とするとしたわけです。

　さらに、108条で、法律と条令の関係を規定して、「この節の規定は、地方公共団体が、保有個人情報の開示、訂正及び利用停止の手続並びに審査請求の手続に関する事項について、この節の規定に反しない限り、条例で必要な規定を定めることを妨げるものではない。」として、第4章の開示、訂正、利用停止に係る請求の手続きについて地方独自の審査請求手続きを維持し、規律することを認めています。

　したがって、条例は個人情報保護法の規定に反することはできない、ということになります。個人情報保護に関する条例を制定したときは、個人情報保護委員会に届け出ることも義務付けられました（167条）。

❷ 51条改正が施行されることで、廃止される条例とは

　51条改正が施行された場合には、個人情報保護法による規制に違反した場合の罰則規定が、国民にあまねく広く適用されることになるわけですが、これまで地方公共団体では、各県の条例などで、条例違反に対する罰則規定を設けて、個別に処罰してきました。

　この改正法によって、条例と法律の関係が整理され、二重構造になるのではなく、個人情報保護法が基本法として適用されることになった関係から、条例の罰則規定は不要になったのです。したがって、今回の51条改正法の附則の経過規定として「地方公共団体の条例の規定で、第51条改正後個人情報保護法で規制する行為を処罰する旨を定めているものの当該行為に係る部分については、第51条の規定の施行と同時に、その効力を失うものとする。」として、重複を避けたのです。

Q61 地方公共団体が独自に厳しい義務を規定することは可能なのでしょうか？

A61 個人情報保護法と重複しない部分、法の規律に反しない部分であれば、基本的には可能といえるでしょう。

1 地方自治法の定める条例、規則制定権

　地方自治は憲法の定める基本的な制度であり、法律に反しない限りにおいて、地方の自治が尊重されることになります。その趣旨から地方自治法では、地方公共団体に、規則制定権のあることを確認しています。

　地方自治法第14条では、「普通地方公共団体は、法令に違反しない限りにおいて第2条第2項の事務に関し、条例を制定することができる。」としたうえで、さらに、「普通地方公共団体は、義務を課し、又は権利を制限するには、法令に特別の定めがある場合を除くほか、条例によらなければならない。」「普通地方公共団体は、法令に特別の定めがあるものを除くほか、その条例中に、条例に違反した者に対し、2年以下の懲役若しくは禁錮、百万円以下の罰金、拘留、科料若しくは没収の刑又は5万円以下の過料を科する旨の規定を設けることができる。」と定めて、条例をもってすれば、2年以下の懲役など、厳しい刑罰を定め、これを実施することができるということになります。

2 個人情報保護法における罰則の整理

　前述のとおり、51条改正個人情報保護法が規制する行為で、処罰する旨を定めているものについては、「当該行為に係る部分について

は」条例で同じ行為を処罰するとしている部分につき、効力を失う、と定めているのです（51条、附則10条）。

　したがって、個人情報保護法に規定されている行為に関しては条例の効力は及ばないのですから、それをさらに重く処罰することはできないわけです。

　ただし、個人情報保護法が規定していない違法な行為、特殊な地方の事情からくる処罰が必要な場合というものがあれば、それを合理的な範囲で処罰することは可能となります。

　この点、個人情報保護委員会は「令和3年改正法の個人情報保護に関する全国共通ルールを法律で定めるという目的に鑑み、法の規律を超えて、地方公共団体による取得や提供等に関する独自の規律を追加することや、民間の個人情報取扱事業者等における取扱いを対象に固有の規律を設ける等の対応は、許容されない」（「個人情報保護法令和3年改正等について（学術研究分野・公的部門関係）」令和3年10月11）としています。これに従えば、地方公共団体の立法権が行使できる範囲は極めて限定されることになります。

第**14**章

個人情報保護委員会の
権限と行政機関の規制

個人情報保護委員会の権限

Q62 個人情報保護委員会は、行政機関に対してどのような監督権限を持つことになりますか？

A62 行政機関に対する立入検査や命令については規定していませんが、個人情報保護委員会が民間事業者に対して有する監督権限とほぼ同様の監督権限を持つことになります。

　令和3年の改正で、個人情報保護委員会が、民間事業者、国の行政機関、独立行政法人等、地方公共団体等のすべてにおける個人情報などの取扱いを監視監督することになり、我が国全体における個人情報等の取扱いを一元的に監視監督することになりました。

　具体的に、個人情報保護委員会は、国の行政機関、独立行政法人等、地方公共団体等に対して以下の監視権限を有します。
　①　法の施行状況について報告を求める権限（165条）
　②　資料の提出及び提出を求め助言を行う権限（156条）
　③　指導及び助言を行う権限（157条）
　④　勧告を行う権限（158条・159条）

　以上の権限は、個人情報保護委員会が民間事業者に対して有する監督権限とほぼ同様ですが、我が国の行政機関の基本的な体系との整合性を図るべく、行政機関に対する立入検査や命令については規定して

いません。また、会見検査院については、憲法上の地位に鑑み、上記
①の報告要求を除いて個人情報保護委員会の監視権限は及ばないもの
としました（156条）。

【個人情報保護委員会の監視監督権限】

		現 行	見直し後
報告徴収	民間事業者	個情委による報告、資料提出の求め	個情委による報告、資料提出の求め
	行政機関	総務大臣による資料提出・説明の要求	
	独法等	－	
	地方公共団体等	－	
立入検査	民間事業者	個情委による立入検査	個情委による立入検査
	行政機関	－	個情委による実地調査
	独法等	－	
	地方公共団体等	－	
指導・助言等	民間事業者	個情委による指導・助言	個情委による指導・助言
	行政機関	総務大臣による意見の陳述	
	独法等	－	
	地方公共団体等	－	
勧告・命令	民間事業者	個情委による勧告・命令	個情委による勧告・命令
	行政機関	－	個情委による勧告
	独法等	－	
	地方公共団体等	－	

（個人情報保護委員会資料より（一部修正））

Q63 情報公開法に基づく行政機関の開示決定に対しても、個人情報保護委員会は監督するのですか？

 A63 行政機関が行う開示決定の当否について個人情報保護委員会の監視監督権限が及び、勧告を行うことができます。

　すでに述べているように、令和3年の改正で、個人情報保護委員会が、民間事業者、国の行政機関、独立行政法人等、地方公共団体等のすべてにおける個人情報などの取扱いを監視監督することになりました。

　ただ、情報公開法上の開示決定についての不服審査制度との整合性を図る必要性があることから、情報公開・個人情報保護審査会の機能を基本的に維持することとされました。行政機関による個別の開示決定の当否についても、個人情報保護委員会の監視監督権限が及びますが、個人情報保護委員会は、特に必要と認める場合には、開示決定の当否について、行政機関に対して勧告を行うことができることとされました（158条）。

　個人情報保護委員会による勧告は、情報公開・個人情報保護審査会における審議結果を踏まえて行われる必要があることから、審査会への諮問の内容とそれに対する答申の内容は個人情報保護委員会と共有することとされています（「個人情報保護制度の見直しに関する最終報告」）。

Q64 個人情報保護委員会が権限を委任しているか否か
は、どうしたらわかるのですか？

A64 　一定の場合に個人情報保護委員会が調査権限を事務所管大
臣に委任していますが、権限の委任を受ける事業所管大臣、
委任しようとする事務の範囲などは、個人情報保護委員会がホーム
ページ上で公表しています。

　令和3年の改正で、個人情報保護委員会に監督権限が集中すること
になりましたが、人的資源の制約等から個人情報保護委員会が適切に
監督権限を行使できるとは限らないため、「緊急かつ重点的に個人情
報等の適正な取扱いの確保を図る必要があることその他の政令で定め
る事情」がある場合に限って個人情報保護委員会が調査権限を事務所
管大臣に認めています（150条1項）。

　「緊急かつ重点的に個人情報等の適正な取扱いの確保を図る必要が
あること」は、特定の業界において個人情報の漏えいが同時期に多発
した場合を念頭に置いていると解され、「その他の政令で定める事情」
とは事務所管大臣の専門的知見を活用する必要がある場合と解されて
います（宇賀787頁）。

　個人情報保護委員会からの権限の委任により、事業所管大臣が権限
を行使したときは、事業所管大臣はその結果を個人情報保護委員会に
報告することとされています（150条2項）

　権限の委任については、個人情報保護委員会が、権限の委任を受け
る事業所管大臣、委任しようとする事務の範囲、委任の期間及び報告
の期間をホームページで公表しています。

行政機関に対する規制

Q65 行政機関が外国にある事業者に対して個人情報を同意なく提供した場合、何か問題がありますか？

A65 利用目的以外の目的で外国にある事業者に保有個人情報を提供する場合、本人の同意が必要となり、本人の同意を得ていないときは、本人から利用停止を請求されることがあります。

1 行政機関等に対する規制の変更

　令和3年改正法により、行政機関等における個人情報保護規制についても変更がありました。

　例えば、以下のような点が新たに追加されています。

① 不適正な利用の禁止（63条）、適正な取得（64条）の明文化
② 再委託先や派遣労働者に対しての安全管理措置義務等の明記（66条2項5号、67条等）
③ 漏えい等が生じた場合の個人情報保護委員会への報告及び本人への通知の新設（68条）
④ 外国にある事業者に保有個人情報を提供する際の規制の新設（71条）
⑤ 本人の委任による代理人が行う開示等請求の明文化（76条2

項、90条2項、98条2項）

　①の不適正な利用の禁止や③の報告・通知は、民間事業者のケース（19条、26条）と併せて新設されたものです。

2　外国にある事業者に個人情報を提供する際の手続き

　平成27年改正法により、民間事業者については、外国にある第三者に個人データを提供する場合には、あらかじめ外国にある第三者への提供を認める旨の本人の同意が必要となりました。他方、行政機関については、利用目的以外の目的のために保有個人情報を利用したり、提供してはならないとの規定はありましたが、外国にある第三者への提供についての規定はありませんでした。

　令和3年改正法では、行政機関の長等（行政機関の長、地方公共団体の機関、独立行政法人等及び地方独立行政法人を含みます。）が、外国にある第三者に対して利用目的以外の目的のために保有個人情報を提供する場合には、原則として、あらかじめ外国にある第三者への提供を認める旨の本人の同意が必要であるとしました（71条1項）。

　このように、行政機関の長等についても、民間事業者と同様に本人の同意を要求しているのですが、民間事業者については、外国にある第三者に個人データを提供する場合に本人の同意を必要としているのに対し、行政機関の長等については、利用目的以外の目的のために外国にある第三者に保有個人情報を提供する場合に本人の同意を要求しているのであって、利用目的の範囲内である場合は、外国にある第三者に提供する場合であっても、本人の同意を要しないことに注意が必要です。これは、行政機関の長等については、利用目的の範囲内であれば、原則として自由に保有個人情報を自ら利用したり、第三者提供することができ（69条1項）、利用目的以外の目的のために保有個人

情報を自ら利用したり、第三者提供するためには、本人の同意等を要求している（69条2項1号）ことと整合させたためです。

　したがって、利用目的の範囲内であれば、本人の同意を得ていなくても外国にある第三者に保有個人情報を提供することができますが、利用目的以外の目的であれば、本人の同意を得ずに外国にある第三者に保有個人情報を提供することはできません。

③　利用停止請求

　民間事業者と同様に、行政機関等についても、本人による利用停止請求の規定があります（98条1項）。ただし、利用停止を求めることができる場合が、以下のとおり限定されています。

①　利用目的の達成に必要な範囲を超えて個人情報を保有した場合（61条2項）

②　違法又は不当な行為を助長し、又は誘発するおそれがある方法により個人情報を利用した場合（63条）

③　偽りその他不正の手段により個人情報を取得した場合（64条）

④　本人の同意を得るなどをせずに、利用目的以外の目的のために保有個人情報を自ら利用したり、提供した場合（69条1項及び2項）

⑤　本人の同意を得ることなく、外国にある第三者に利用目的以外の目的のために保有個人情報を提供した場合（71条1項）

　これまでも、①③④とほぼ同じ内容のケースにおいて利用停止請求が認められていましたが、令和3年改正法により、②や⑤が追加されました。本設問では⑤が問題となり、本人の同意なく、利用目的以外の目的のために外国にある第三者に保有個人情報を提供したのであれば、この規定により、本人から利用停止が請求されることがあります。

付　録

1 個人情報保護法令和2年改正 重要ポイント対応チェックリスト

1 保有個人データの管理

☐ すべての保有個人データについて最新の状態に保たれているか？
　　→必要のない保有個人データは利用停止等請求の対象

☐ 取得して6か月以内の保有個人データについて開示等請求に対応することができる体制となっているか？
　　→すべての保有個人データについて開示等請求に対応できる体制であることが必要

☐ 本人からの開示請求に対してデジタルデータを含め開示することができる体制となっているか？
　　→CD-ROMなどの媒体を郵送、電子メールに添付して郵送などの方法を検討

☐ 保有個人データの安全管理措置について公表しているか？
　　→安全管理に支障を及ぼすおそれがあるものまで周知する必要まではない

☐ プライバシーポリシーに①会社の名称・住所・代表者名、②すべての保有個人データの利用目的、③手続き、④安全管理措置、⑤苦情の申出先、のすべてが記載されているか？
　　→求めに応じて遅滞なく通知できることでも可

☐ 海外のクラウドサービスを利用している場合、その国の個人情報保護制度を把握した上で、安全管理措置を講じているか？
　　→「利用」ではなく「提供」の場合は外国にある第三者への提供の問題（後記5）

☐ 個人データの利用・保管に関し、海外のクラウドサービスを利用している場合、サーバがある国を把握し、かつその国の個人情報保護制度等について公表しているか？

　　→求めに応じて遅滞なく通知できることでも可

2　仮名加工情報（仮名加工情報の利用がある場合）

☐ 仮名加工情報を規則に定める方法で加工しているか？

　　→他の情報と照合しない限り特定の個人を識別することができないように加工することが必要

☐ 仮名加工情報が誰かに提供されることはないか？（委託・共同利用は除く。）開示請求等に対応できないようになっているか？

　　→識別行為は禁止であり、開示請求への対応は違法

☐ 仮名加工情報が識別できないようになっているか？　消除情報等は安全に管理しているか？

3　不適正な利用の禁止

☐ 官報情報・裁判所情報を利用したサービスや業務を行おうとしていないか？

　　→違法不当な行為の助長・誘発につながらないか検討

☐ 自社の提供した個人情報が違法な物品の売買や違法なサービスに利用されていないか？

4　漏えい対応の準備

☐ 漏えい等事案が発生した場合の BCP（事業継続計画）を策定しているか？

　　　→事案発見から 3 〜 5 日以内に速報、30 日以内に確報を個人情報保護委
　　　　員会に報告できる体制となっているか確認

☐　漏えい等が発生した場合、3 日〜 5 日で本人に通知できる体制
　　が計画に盛り込まれているか？

5　個人データの提供

☐　個人データの第三者提供をオプトアウトにより行う場合、個人情
　　報保護委員会への届出事項を網羅し、かつ、それを公表している
　　か？

　　　→（届出事項）①第三者提供を行う個人情報取扱事業者の氏名又は名称
　　　　及び住所並びに法人代表者氏名、②第三者への提供を利用目的とする
　　　　こと、③第三者に提供される個人データの項目、④第三者に提供され
　　　　る個人データの取得の方法、⑤第三者への提供の方法、⑥本人の求め
　　　　に応じて当該本人が識別される個人データの第三者への提供を停止す
　　　　ること、⑦本人の求めを受け付ける方法、⑧第三者に提供される個人
　　　　データの更新の方法、⑨個人データの第三者への提供を開始する予定
　　　　日

☐　個人データを他の事業者に提供した場合、または、個人データを
　　受領した場合に、法が規定する事項を記録し、かつ、本人から開
　　示請求に対応できる体制を整えているか？

☐　海外の事業者への個人データの提供あるいは海外の事業者への個
　　人データの処理の委託はあるか？

　　　→委託も外国への個人データの第三者提供に該当する点に注意

☐　提供または委託がある場合、当該事業者がある国の個人情報保護
　　制度を適切に本人に説明しているか？

　　　→ EU・英国の場合はこの情報提供は不要

☐　クッキー情報を提供している場合（広告やアクセス解析を含む）、
　　提供先事業者が個人を特定することが想定されるか？

　　　→巨大 IT 企業がクッキー情報を収集する場合は該当

☐ クッキー情報の提供先が個人を特定することが想定される場合、個人が特定されることについて本人から同意を得た上、同意の事実を記録しているか？

6　域外適用

☐ 関係している海外の事業者が我が国の個人情報保護法に違反している事実はないか？
　　→関係企業が命令を受けると立入検査を受ける恐れ

プライバシーポリシー雛形

株式会社●●個人情報保護指針

株式会社●●（以下、「当社」といいます。）は、当社業務の遂行に伴い収集・管理・利用する個人情報について、本指針に従って取り扱います。

第1　法令遵守

当社は、事業活動に伴って収集、管理、利用する個人情報について、個人情報保護法等の関連法令、ガイドライン及び本指針（以下、「法令等」といいます。）を誠実に遵守した上で、適切に取り扱うものとします。

第2　当社が取り扱う個人情報

当社は、次の種類の個人情報を取り扱います。

(1)　事業活動に関する個人情報

　　法令等に準拠し、適正に取得するとともに、厳重に管理し、本指針等に規定する利用目的以外には、原則として利用しません。

(2)　安全確保に関する個人情報

　　当社及び従業者の安全確保のため、電話の録音記録、当社ウェブサイトへのアクセス記録、電子メール、各種問合せに関する情報を収集、保管、利用することがあります。これらの情報は、法令等に準拠したうえで、適正に取得するとともに、厳重に管理し、本指針等に規定する利用目的以外には、原則として利用しません。

(3)　労務管理及び採用活動に関する個人情報

　　法令等に準拠したうえで、適正に取得するとともに、厳重に管理し、本指針等に規定する利用目的以外には、原則として利用しません。

第3　個人情報の利用目的

1.　当社は、取得する個人情報を、当社の行う次の業務の範囲及び方法により利用します。

(1)　利用する業務の範囲

　　①　不動産賃貸業

　　②　駐車場経営

　　③　……

(2)　利用する方法

　　①　事業活動に関する個人情報

　　　・お客様との間で締結された契約遂行のため

　　　・当社のサービスに関する情報提供及び連絡のため

　　　・当社のサービス品質の向上及び新サービスに向けた企画・研究開発のため

　　　・当社社員に対する教育のため

　　　・問い合わせへの対応のため

　　　・その他上記に関連する業務の遂行のため

　　②　安全確保に関する個人情報

　　　・情報提供及び連絡のため

　　　・当社のサービス品質の向上のため

　　　・問い合わせへの対応のため

　　　・その他上記に関連する業務の遂行のため

　　③　労務管理に関する個人情報

　　　・給与・就業時間の計算等人事労務管理のため

　　　・職場環境の確保及び安全管理のため

　　　　・その他上記に関連する業務の遂行のため

　　④　採用活動に関連する個人情報

　　　　・従業者採用活動のため

　　　　・採用後の人事労務管理のため

　　　　・その他上記に関連する業務の遂行のため

2. 前項の規定により特定された利用目的の達成に必要な範囲を超えて個人情報を取り扱う場合は、あらかじめ本人の同意を得るものとします。

3. 前2項の規定にかかわらず、次に掲げる場合には、特定された利用目的の達成に必要な範囲を超えて個人情報を利用する場合があります。

⑴　法令に基づく場合

⑵　人の生命、身体又は財産の保護のために必要がある場合であって、本人の同意を得ることが困難であるとき

⑶　公衆衛生の向上又は児童の健全な育成の推進のために特に必要がある場合であって、本人の同意を得ることが困難であるとき

⑷　国の機関若しくは地方公共団体又はその委託を受けた者が法令の定める事務を遂行することに対して協力する必要がある場合であって、本人の同意を得ることにより当該事務の遂行に支障を及ぼすおそれがあるとき

⑸　学術研究機関等に個人データを提供する場合であって、学術研究機関等が個人データを学術研究目的で取り扱う必要があるとき

4. 当社が個人情報の利用目的を変更する場合には、当該利用目的と関連性を有すると合理的に認められる範囲で行います。また、利用目的を変更した場合には、法令等に定める場合を除き、変更された目的を本指針において公表いたします。

第4　適正な取得及び最小限原則

1. 当社は、個人情報を適法かつ適正に取得し、偽りその他不正の手段によって取得しません。

2. 当社は、違法又は不当の行為を助長し、又は誘発するおそれがある方法により個人情報を利用しません。

3. 当社は、法令に定める場合を除き、あらかじめご本人の同意を得ることなく要配慮個人情報を取得することはしません。

4. 当社が取得する個人情報は、当社の利用目的の達成のために必要かつ最小限のものに限定します。

5. 当社は、前記第3の規定に関わらず、本人との間で契約を締結することに伴って契約書その他の書面（電磁的記録を含みます。以下この項において同じ。）に記載された本人の個人情報を取得する場合その他本人から直接書面に記載された本人の個人情報を取得する場合は、あらかじめ、本人に対し、その利用目的を明示します。ただし、人の生命、身体又は財産の保護のために緊急に必要がある場合、又は法令に定める場合は、利用目的を明示しないことがあります。

第5　個人データの内容の正確性の確保等

1. 当社は、利用目的の達成に必要な範囲内において、個人データを正確かつ最新の内容に保つよう努めます。

2. 当社は、個人データを当社内で定めた期間保有した後、遅滞なく消去するものとします。また、従業者の採用活動において採用が決定されなかった方の履歴書等はただちに破棄し、当社はこの情報を保有しません。ただし、関係法令により保管が義務付けられている情報については、関係法令により要求されている期間は保管し、それ以後は順次破棄します。

第6　安全管理措置

　　当社は、当社が取り扱う個人データにつき、不正アクセス、紛失、改ざん及び漏えいなどに対する予防対策を実施し、必要かつ適切な安全管理措置を講じます。また、安全管理措置に必要な内部ルールを確立し、これを

実施するものとします。当社が取り扱う個人データに含まれる本人で、当社が講じている安全管理措置の内容をお知りになりたい方は、▲▲部個人情報保護担当までご連絡ください。

第7　従業者の監督

　当社は、従業者（役員、従業員、契約社員、派遣社員等、当社において当社の業務に従事するすべての者をいい、雇用契約の有無は問いません。以下、本指針において同じ。）に個人データを取り扱わせるに当たっては、当該個人データの安全管理が図られるよう、当該従業者に対する必要かつ適切な監督を行うものとします。また、個人情報の保護を徹底させるため、すべての従業者に対して、定期的に教育・指導を行います。

第8　委託先の選定及び監督

　当社は、個人データの取扱いの全部又は一部を外部事業者に委託することがあります。この場合、個人データの取扱いを適正かつ確実に行うことができると認められる事業者を選定すべく委託先選定基準を定め、当該基準に従って委託先を選定し、適切な委託契約を締結します。また、当社は、個人データの安全管理が図られるよう、委託先に対する必要かつ適切な監督を行います。

第9　第三者提供

　当社が保有する個人データは、本人の同意ある場合を除き、原則として第三者に提供しません。ただし、次に掲げる場合は、第三者に提供することがあります。

(1)　法令に基づく場合

(2)　人の生命、身体又は財産の保護のために必要がある場合であって、本人の同意を得ることが困難であるとき

(3)　公衆衛生の向上又は児童の健全な育成の推進のために特に必要がある

場合であって、本人の同意を得ることが困難であるとき

⑷　国の機関若しくは地方公共団体又はその委託を受けた者が法令の定める事務を遂行することに対して協力する必要がある場合であって、本人の同意を得ることにより当該事務の遂行に支障を及ぼすおそれがあるとき

⑸　第三者が学術研究機関等である場合であって、第三者が個人データを学術研究目的で取り扱う必要があるとき

第10　仮名加工情報の取扱い

1.　当社は、仮名加工情報を作成するときは、他の情報と照合しない限り特定の個人を識別することができないようにするため、法令等の基準に従い、個人情報を加工します。

2.　当社は、仮名加工情報を作成したとき、又は仮名加工情報及び当該仮名加工情報に係る削除情報等を取得したときは、削除情報等の漏えいを予防するため、法令等に従い、必要かつ適切な安全管理措置を講じます。

3.　当社は、仮名加工情報を取り扱うに当たっては、その利用目的を公表し、利用目的の達成に必要な範囲を超えて当該仮名加工情報を取り扱いません。また、仮名加工情報である個人データ及び削除情報等を利用する必要がなくなったときは、遅滞なくこれを消去します。

4.　当社は、法令等に基づく場合を除くほか、仮名加工情報である個人データを第三者に提供しません。

5.　当社は、仮名加工情報を取り扱うに当たって、本人を識別するために当該仮名加工情報を他の情報と照合しません。

6.　当社は、仮名加工情報を取り扱うに当たって、本人へ連絡するため、当該仮名加工情報に含まれる連絡先その他の情報を利用しません。

第11　匿名加工情報の取扱い

1. 当社は、匿名加工情報を作成するときは、特定の個人を識別すること及びその作成に用いる個人情報を復元することができないようにするため、法令等に従い、当該個人情報を加工します。

2. 当社は、匿名加工情報を作成したときは、個人情報から削除した記述等及び個人識別記号並びに加工の方法に関する情報の漏えいを予防するため、法令等に従い、必要かつ適切な安全管理措置を講じるとともに、法令等に従い、当該匿名加工情報に含まれる個人に関する情報の項目を公表します。

3. 当社は、匿名加工情報を作成したときは、匿名加工情報の安全管理措置、苦情処理等匿名加工情報の適正な取扱いを確保するために必要な措置を講じます。

4. 当社は、匿名加工情報を第三者に提供するときは、あらかじめ、第三者に提供される匿名加工情報に含まれる個人に関する情報の項目及びその提供の方法について公表するとともに、当該第三者に対し、当該提供される情報が匿名加工情報であることを明示します。

5. 当社は、匿名加工情報を取り扱うに当たって、本人を識別するために、当該匿名加工情報を他の情報と照合しません。

6. 当社は、匿名加工情報を取り扱うに当たって、匿名加工情報の作成に用いられた個人情報に係る本人を識別するため、当該個人情報から削除された記述等若しくは個人識別符号、若しくは法令に従い行われた加工の方法に関する情報を取得し、又は匿名加工情報を他の情報と照合しません。

第12　個人情報保護管理者

　当社は、CIO（最高情報責任者）を個人情報保護管理者と定め、個人情報保護の実現のための体制を整備し、管理するものとします。

第13　保有個人データの表示等

1. 当社の名称、住所及び代表者の氏名は、以下のとおりです。

　（名称）株式会社●●

　（住所）〒○○○－○○○○

　　　　　東京都千代田区……

　（代表者氏名）代表取締役社長　◆◆

2. 当社は、以下の個人データを保有しています。

　① 顧客名簿ファイル

　② 電子メール受信・送信ファイル

　③ 連絡情報ファイル（ご連絡をいただいた方及び名刺交換をさせていただいた方の個人データ）

　④ サービス利用履歴ファイル

　⑤ 従業者関連ファイル（マイナンバーファイルを含む）

　⑥ 採用応募者関連ファイル

3. 保有個人データの利用目的

　① 顧客名簿ファイル

　　　前記第3・1・(1)(2)・①②記載の目的

　② 電子メール受信・送信ファイル

　　　前記第3・1・(1)(2)・①②記載の目的

　③ 連絡情報ファイル

　　　前記第3・1・(1)(2)・①②記載の目的

　④ サービス利用履歴ファイル

　　　前記第3・1・(1)(2)・①②記載の目的

　⑤ 従業者関連ファイル

　　　前記第3・1・(1)(2)・③記載の目的

　　　なお、マイナンバーファイルについては、行政手続における特定の個人を識別するための番号の利用等に関する法律第9条の定める利用範囲に限定し、同法第19条2号等の定める公務所等へ提出す

　　　　るためのみに利用します。

　⑥　採用応募者関連ファイル

　　　前期第 3・1・(1)(2)・④記載の目的

4.　当社の保有個人データの取扱いに関する苦情、相談などについては、
　　下記窓口にご連絡下さい。

＜苦情相談窓口＞

〒○○○‐○○○○

東京都千代田区……

株式会社●●　▲▲部　個人情報保護担当

電話　03-0000-0000

メールアドレス　◎○○＠○○

第14　保有個人データの開示請求等

　当社は、本人から所定の書面による請求がなされた場合で、本人確認を
行い、当社が適切と判断したときは、以下の区分に従い対応するものとし
ます。

1.　保有個人データの本人への開示

⑴　本人は、当社が保有する、本人に関する保有個人データの開示を求め
　　ることができます。ただし、次に掲げる場合、当社は、保有個人データ
　　の全部又は一部を開示しないことがあります。

　　ア　本人又は第三者の生命、身体、財産その他の権利利益を害するおそ
　　　れがある場合

　　イ　当社の業務の適正な実施に著しい支障を及ぼすおそれがある場合

　　ウ　他の法令に違反することとなる場合

⑵　保有個人データの開示方法は、原則として、書面の交付による方法と
　　し、対象となる情報が大量である場合や電磁的記録により提供する方法
　　がふさわしい場合は、電磁的記録の提供による方法とします。電磁的記
　　録の提供による方法については、CD-ROM 等の記録媒体に保存して郵

送する方法か、当社指定のウェブサイト上にアップロードした電磁的記録を、本人においてダウンロードしてもらう方法とします。

2. 第三者提供記録の本人への開示

(1) 本人は、当社が第三者に保有個人データを提供した場合や、当社が第三者から保有個人データの提供を受けた場合において、当社が法令等に基づき作成・保存している第三者提供記録の開示を求めることができます。ただし、次に掲げるものは第三者提供記録から除きます。また、前記1.(1)のアからウまでの事情がある場合、当社は、第三者提供記録の全部又は一部を開示しないことがあります。

ア 本人又は第三者の生命、身体又は財産に危害が及ぶおそれがあるもの

イ 違法又は不当な行為を助長し、又は誘発するおそれがあるもの

ウ 国の安全が害されるおそれ、他国若しくは国際機関との信頼関係が損なわれるおそれ又は他国若しくは国際機関との交渉上不利益を被るおそれがあるもの

エ 犯罪の予防、鎮圧又は捜査その他の公共の安全と秩序の維持に支障が及ぶおそれがあるもの

(2) 第三者提供記録の開示方法は、原則として、書面の交付による方法とし、対象となる情報が大量である場合や電磁的記録により提供する方法がふさわしい場合は、電磁的記録の提供による方法とします。電磁的記録の提供による方法については、CD-ROM等の記録媒体に保存して郵送する方法か、当社指定のウェブサイト上にアップロードした電磁的記録を、本人においてダウンロードしてもらう方法とします。

3. 保有個人データの訂正等

本人は、当社が保有する、本人に関する保有個人データの内容が真実でないと考える場合、当該保有個人データの訂正、追加又は削除（以下、「訂正等」といいます。）を求めることができます。ただし、当社が、利用目的の達成に必要な範囲内において、遅滞なく必要な調査を行った結果、データ内容が誤りでない場合、又は、利用目的達成のために訂正等が必要

でないと当社が判断した場合は、当社は、訂正等を行わないことがあります。

4．保有個人データの利用停止等

　当社が保有する、本人に関する保有個人データについて、以下の事情があった場合、本人は、当該保有個人データの利用停止、消去、又は第三者提供の停止（以下、「利用停止等」といいます。）を求めることができます。ただし、利用停止等に多額の費用を要する場合又は利用停止等を行うことが困難な場合、当社は、利用停止等をせず、これに代わる措置をとることがあります。

　　ア　本人の同意を得ることなく利用目的の達成に必要な範囲を超えて取り扱われた場合

　　イ　違法又は不当な行為を助長したり、誘発したりするおそれがある方法により利用された場合

　　ウ　偽りその他不正の手段により取得された場合

　　エ　法令等に基づく場合を除いて、本人の同意を得ることなく第三者に提供された場合

　　オ　法令等に基づく場合を除いて、あらかじめ外国にある第三者への提供を認める旨の本人の同意を得ることなく、外国にある第三者に提供された場合

　　カ　当社が利用する必要がなくなった場合

　　キ　漏えい、滅失、毀損が生じた場合

　　ク　その他本人の権利又は正当な利益が害されるおそれがある場合

5．開示等の手続き

　保有個人データの開示、第三者提供記録の開示、訂正等、利用停止等を求める本人は、当社が定める書式により、下記開示等請求先まで郵送にてお申し出ください。その際には、本人であることを確認できる書類を併せご提示ください。

＜開示等請求先＞

〒○○○－○○○○

東京都千代田区……

株式会社●●　▲▲部　個人情報保護担当

＜開示等にかかる手続き＞

ご提出いただく書類の一覧

① 保有個人データ開示等請求書（当社所定の用紙をご利用ください）

必要的記載事項

i 本人の氏名及び氏名と一致する印鑑による押印

ii 本人の住所

iii 本人確認書類の区分

iv 請求事項

v 請求理由

保有個人データ及び第三者提供記録の開示請求の場合は、開示を求める本人の情報及び当社への提供時期等を特定してください（可能な範囲で結構です）。訂正等請求の場合は、訂正にかかる正しい情報を記載してください。利用停止等請求の場合は、その理由を記載してください。

vi 代理人の氏名及び代理人の氏名と一致する印鑑による押印

vii 代理人の住所

なお、上記vi及びviiについては、本人による請求の場合は不要です。

② 本人確認書類（本人の住民票の写し、運転免許証のコピー、旅券のコピー、マイナンバーカードのコピー（表面のみ）、健康保険被保険者証のコピー）

③ 返信用封筒（送付先住所として住民票等本人確認書類上に表記されている住所を記載してください）

④ 代理人による請求の場合には、代理権を証する書面（法定代理人の場合には戸籍謄本など、任意代理人の場合には委任状）

＜開示にかかる費用＞

　保有個人データの開示請求の手続費用として、1件当たり1,000円をお支払いください。手続費用の支払方法は郵便切手による納付とします。

第15　継続的改善

1. 当社は、上記の各条項を実践するために、当社の個人情報の取扱いについて継続的に検討をし、見直し及び改善を図ってまいります。

2. 当社は、個人情報の適正な取扱いを実施するため、適宜、本指針を見直すこととし、本指針を変更した場合は速やかに公表いたします。

第16　施行

2000年〇月〇日施行

2022年4月1日改訂

株式会社●●

代表取締役社長　◆◆

※上記プライバシーポリシーは一例にすぎません。事業者の取り扱う個人情報の種類や取扱方法により記載の仕方は異なりますので、実情に合わせた内容のプライバシーポリシーを作成してください。また、プライバシーポリシーを作成しただけでは不十分です。プライバシーポリシーに沿った社内体制が現実に整備されていることが必要です。

【著者略歴（五十音順）】

牧野　剛（まきの　ごう）

弁護士（東京弁護士会所属）

牧野総合法律事務所弁護士法人所属

早稲田大学第一文学部卒業。一橋大学大学院修士課程修了。株式会社ジェイ・キャスト勤務。早稲田大学法科大学院修了。2015 年弁護士登録。東京地方裁判所民事調停官

主な著書：『個人情報保護法相談標準ハンドブック』（日本法令、共著）、『図解入門ビジネス　最新 GDPR の仕組みと対策がよ〜くわかる本』（秀和システム、共著）

牧野　二郎（まきの　じろう）

弁護士（東京弁護士会所属）

牧野総合法律事務所弁護士法人所長

中央大学法学部法律学科卒業。1983 年弁護士登録。1990 年牧野法律事務所設立。2003 年法人改組、所長弁護士。社会保険労務士連合会個人情報保護委員会委員長

主な著書：『Google 問題の核心』（岩波書店）、『新個人情報保護法とマイナンバー法への対応はこうする！』（日本実業出版）、『個人情報保護法相談標準ハンドブック』（日本法令、共著）、『図解入門ビジネス　最新 GDPRの仕組みと対策がよ〜くわかる本』（秀和システム、共著）

森　悟史（もり　さとし）

弁護士（東京弁護士会所属）

牧野総合法律事務所弁護士法人所属

早稲田大学教育学部社会科社会科学専修卒業、早稲田大学大学院法学研究科民事法学専攻修士課程修了、慶應義塾大学法科大学院修了。2012 年弁護士登録。

その他の主な資格：IT ストラテジスト、応用情報技術者、情報セキュリティマネジメント

主な著書：『個人情報保護法相談標準ハンドブック』（日本法令、共著）、『図解入門ビジネス　最新 GDPR の仕組みと対策がよ〜くわかる本』（秀和システム、共著）

令和4年4月施行対応
すっきりまとめて解説
個人情報保護法 Q&A
令和2年・令和3年改正

令和4年5月1日　初版発行
令和4年12月15日　初版2刷

日本法令 ®

〒101-0032
東京都千代田区岩本町1丁目2番19号
https://www.horei.co.jp/

検印省略

著　者	牧　野　二　郎		
	森　悟　史		
	牧　野　剛		
発行者	青　木　健　次		
編集者	岩　倉　春　光		
印刷所	日本ハイコム		
製本所	国　宝　社		

（営業）　TEL　03-6858-6967　　Eメール　syuppan@horei.co.jp
（通販）　TEL　03-6858-6966　　Eメール　book.order@horei.co.jp
（編集）　FAX　03-6858-6957　　Eメール　tankoubon@horei.co.jp

（オンラインショップ）　https://www.horei.co.jp/iec/
（お詫びと訂正）　https://www.horei.co.jp/book/owabi.shtml
（書籍の追加情報）　https://www.horei.co.jp/book/osirasebook.shtml

※万一、本書の内容に誤記等が判明した場合には、上記「お詫びと訂正」に最新情報を掲載しております。ホームページに掲載されていない内容につきましては、FAXまたはEメールで編集までお問合せください。